知识领航财富人生

舵手汇 www.duoshou108.com

投资交易学习社交平台

投机的艺术
The Art Of Speculation

(美)菲利普·凯瑞特 著

蒋 翠 译

山西出版传媒集团
山西人民出版社

图书在版编目(CIP)数据

投机的艺术 /(美)菲利普·凯瑞特著;蒋翠译. —太原:山西人民出版社,2018.8
ISBN 978-7-203-10375-2

Ⅰ.①投… Ⅱ.①菲… ②蒋… Ⅲ.①金融投资-研究 Ⅳ.①F830.59

中国版本图书馆 CIP 数据核字(2018)第 057262 号

投机的艺术

著　　者:(美)菲利普·凯瑞特
译　　者:蒋　翠
责任编辑:崔人杰
复　　审:贺　权
终　　审:秦继华
出 版 者:山西出版传媒集团·山西人民出版社
地　　址:太原市建设南路 21 号
邮　　编:030012
发行营销:0351-4922220　4955996　4956039　4922127(传真)
天猫官网:http://sxrmcbs.tmall.com　电话:0351-4922159
E-mail：sxskcb@163.com　发行部
　　　　sxskcb@126.com　总编室
网　　址:www.sxskcb.com
经 销 者:山西出版传媒集团·山西人民出版社
承 印 者:三河市京兰印务有限公司
开　　本:710mm×1000mm　1/16
印　　张:16.5
字　　数:250 千字
印　　数:1—5100 册
版　　次:2018 年 8 月　第 1 版
印　　次:2018 年 8 月　第 1 次印刷
书　　号:978-7-203-10375-2
定　　价:68.00 元

如有印装质量问题请与本社联系调换

目录

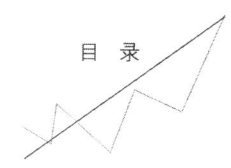

第一章　什么是投机 / 1

第二章　证券市场机制 / 11

第三章　投机工具 / 25

第四章　股市风波——涟漪与波浪 / 37

第五章　投机大潮 / 49

第六章　预测股市主要波动 / 61

第七章　投机的生命线 / 75

第八章　技术因素及经济基础 / 89

第九章　卖　空 / 103

第十章　什么是牛市 / 115

第十一章　如何解读资产负债表 / 129

第十二章　如何解读损益表 / 145

第十三章　铁路股和公用事业公司
　　　　　——是条例的牺牲品还是受益人 / 161

第十四章　工业类股票分析 / 175

第十五章　宝藏的传奇史／189

第十六章　财务手术中潜藏的利润／201

第十七章　未上市证券的交易／213

第十八章　期权与套利／227

第十九章　当投机变成投资／243

第一章　什么是投机

我们不需要为投资理论进行辩护，因为任何人都会或多或少地认识到资本在当今社会中所起到的重要作用。人们通常会认为投资人运用他们辛苦积累下来的财富进行投资，他们应该得到相应的回报。有些人把资金投入电话公司，使得我们的电话系统得到不断成长，让这些人从不断增长的经济系统中获取8%的资本回报率，一般人都认为是理所应当。同样，必须承认的一点是，我们需要一套复杂精细的金融机器，它能够将一名普通的纽约教师辛苦积攒下来的数千元钱转变成加州水电站的设备。只有不懂经济学的人才会把那些证券抛售者、经纪人以及金融领域的其他专家看作"寄生虫"或是"游手好闲的人"。

至于投机，人们的看法就不同了。一般人恐怕不知道成功的投机者在赚取金钱利益的过程中，也为社会做出了贡献。因为只有投机者自己熟悉投机行为，常人看到的更多的是损失而不是收益。表面上看，他们的投机行为对社会毫无益处。而且人们普遍认为，投机就像赌博一样，成功的收益只不过是对应着失败者的亏损。因此，我们就很容易理解像杰·古尔德、丹尼尔·德鲁以及其他一些小有名气的投机者并不受大家欢迎的原因了。

"小麦投机"

不幸的是,对于大多数人而言,他们看到"投机"一词立刻想到的就是"股票"。亨利·罗宾逊从事面粉业,他是靠正确判断小麦行情而发家的,而不是来自对面粉的制造或买卖的技巧。每次他的邻居们打过高尔夫球后,都会聚集在一起讨论亨利·罗宾逊的发家史,人们很自然地评论他是一位精明能干的商人,从来没人说他是成功的投机者。虽然面粉厂业务的投机与本业有关,但投机毕竟是投机。

"百万富翁的舞蹈"

不需要在每个商业领域做深入调查就可以发现,每个商业运营者都难以摆脱投机行为。在糖业市场繁荣时期,甚至在1920年糖单价飙涨到22.5美分/磅,在这个时期内,所有从事糖业的生产商、加工商都无一例外地从这个全球繁荣的市场中获取暴利。这一情形使产糖国古巴产生了许多百万富翁,他们日夜狂欢,大跳"百万富翁之舞"。但是好景不长,1921年的糖市大崩溃,使糖的单价降到了可怜的2美分/磅,糖生产商、加工商们若再想从中获取暴利简直是天方夜谭,好在这种两极分化的现象并不普遍。但是每一种商品的价格波动还时有发生。在这种程度不同的价格波动中,所有的商人,无论是钢材生产商还是百货商店老板,他们多多少少都会受到自己所经营商品的价格波动所带来的影响。

必要的投机者

众所周知,一家棉花纺织厂能够成功,关键不仅是他在管理运营该工厂的效率,而且还在于经理买原材料时的精打细算。一个成功的棉花纺织生产商也是一个十分成功的棉花投机者。如果他在错误的时间买进了一批棉花，或是错过买进的大好机会，那么他的利润就会少之又少，甚至一无所有，这是大家都知道的事。即便对那些向股市投机者提出非议的人们来说也没有任何异议。

但是，有人会立刻指出股市投机者与商人有着本质上的区别，商人并不是主动的投机者，他们的商业活动中会有一些固有的投机风险，这些风险要靠商人的正确决策来解除，或是降低这种风险。然而，这些风险对于商人主营业务来说是附带发生的。一个棉纺织生产商经营一家工厂绝对不会以在棉花市场上进行投机活动为由，相反他是为了向社会提供棉花产品才办厂的。投机是一个必不可少的"恶魔"。对此，有人可能会说，投机者并没有这种体面的理由来进行运作，他仅仅是买卖无形资产，这些无形资产的本质并没有任何形式的改变。如果他售出的股票跌了，那他只是牺牲了某位不幸买方的利益，让自己得利。如果所买股票价格上涨，他也没什么贡献。如果所卖的股票价格上涨，赚钱就是理所当然的事了。事实上，投机者是那种本该很忙的资本家，把资金用在更有意义的用途上，可他们只是一个闲人。

对股票投机经纪人的观察，更加深了各界对投机者的不满。一位律师曾强烈地批评股票投机，因为他的合伙人不认真工作，而把工作时间花费在了研究早报股票行情上，或者干脆徘徊在经纪人行情室里，一个商人也对股票投机极为不满，因为他发现自己一个能干的下属自从迷上股票后，对工作失去了兴趣。

投资者需要投机

就像棉花商不得不投机棉花一样，投机证券是不是也不得不做这项工作呢？答案是肯定的。投资人必须是投机客，就像任何商人都是投机者一样。如果有人自豪地说："我从不投机！"那他一定是个无知的投机者，也很可能是一个不成功的投机者。正如商品价格的不断波动会影响商人的财产，证券价格的不断变动有着相同的影响。1914年，一个寡妇以95美元的价格购买了年息为4%的贴现债券，后来她要求银行家向她解释什么是"投资成熟时机"时，便开始明白了其中的真谛。银行家告诉她，除了每年40美元的利息外，她的投资价格与现在标准价格之间有50美元差价的资本回报，并且从理论上讲，随着到日期的临近，她的债券每年都会有一定的增值。"听起来很好"，她高兴地说道，"但它们已经掉价了。"即便是最高级的证券也同样存在着不可避免的投机风险。而且这种风险的存在，并不会因为你像一只鸵鸟那样，把头埋在沙堆里，然后大喊"我从不投机"，它就会减少。

词典里如何定义投机的

到底什么是投机呢？权威的《韦氏词典》给出了几种定义：①用智力思考事物的不同层面；②预期到土地或商品价格增长，从而进行购买并在涨价后卖出来赚取差价的行为。对于第二种定义，《韦氏词典》里加入了这样一种默认的事实："投机使少数人致富、多数人破产。"根据《韦氏词典》里的说法，出资的动机是我们区分投资和投机交易的标准。某人在1915年以60美元的价格买进美国钢铁公司的股票，期望以后能以更高的价格卖出以谋取利益，那么根据《韦氏词典》里的解释，这个人就是一个投机者，即使到最后他改变了卖出的决定，长期把持这只股票，那他也依然是个投机者。相反，某人在1921年以95美元的价格买进了美国电话股，以便享受超过8%的股利回报，那么他就是个投资者，尽管几周后他可能已经禁不住10%的利润的诱惑而将股票出售。

虽然交易的最终结果可能与主要受益方的初衷相悖，但显然，我们在定义什么是投机时不能忽略动机这一因素。基于这种目的，投机可以定义为："以盈利为目的，通过价格波动来赚取差价的证券或商品的购买与出售活动。"比如，以高于购买价几美分的价格，将买进的一大箱鸡蛋一打一打地卖给消费者，虽然鸡蛋商可能在这个过程中获得利润，但他的这种行为不算是投机。同样，如果你 6 月份买进一车鸡蛋，然后将整车鸡蛋储存起来，期望 12 月份卖出，虽然鸡蛋市场的价格波动会严重影响利润，但这也不是一种投机行为。纯粹的投机行为是指那种在同一市场买进、售出商品的活动，不附加分销、仓储或运输等形式的行为。

有序市场

尽管有人可能会在奶酪、造纸、椰子油或是几乎所有可以想得到的商品上进行投机，但大多数的投机行为都产生于有组织的股票市场和商品市场。美国芝加哥同业会为小麦、玉米、燕麦、猪肉以及其他一些食品的投机者提供市场；新奥尔良和纽约棉花交易所成为棉花投机者的市场；纽约糖与咖啡交易所成为那些做咖啡和糖生意的投机者的市场。为解除投机者必须运输大量货物或是仓库收货的麻烦，这些交易所通常采用合约式交付的形式。由于这些合约必须标准化，所以只可能就一些易于分级的商品组织交易所。一些特别重要的商品，比如像羊毛，就不能这样分级，因而就会单独存在着不同于棉花交易市场的羊毛交易市场。

股票交易所是最重要的有序市场，其中以纽约证券交易所为代表。这个全球最大的股票交易中心，有着数以千计的上市公司和数量更为庞大的证券，还有几百只证券是在纽约证券交易所以及各个州交易所的交易对象。这些证券交易市场制定严格条例来要求已发行证券的公司，限制这些公司员工向交易公众收取费用，并以各种方式来寻求保障一个股票市场的自由公开。

一个民主的机构

对于投资者和投机者而言，任何股票交易所的组织运作都是一样。

股票经纪人既不知道也不关心他们的客户是属于哪一类。他们只知道他们的客户是以现金购买，还是利用保证金交易，但是仅凭这一特征并不能定义客户的身份。两者的区别就是，付现金的买方可能就为了一直关注其价值的上涨而买入，着重看眼前的利益。保证金交易者随后可能清偿贷款，取回股票，并将它作为永久收入。我们可以这样大胆地假设，那些只买高价证券的人大部分是投资者，尽管他们需要承担一定的投机风险；另一方面，在市场中频繁变换自己地位的保证金交易者，如果不是赌徒，那就一定是投机者。在这两种极端之间有数不清的过渡群体，他们就是证券的买方和卖方。他们的动机是混合的，我们不可能划出一条明确的界限，说其中一部分是投资者，另一部分是投机者。

是希望还是判断

在前面，《韦氏词典》提到关于投机的两种定义，仔细看来两者有些关联。投机者需要做的第一步是对他们所经营的证券或商品周围的环境进行测定。很明显，《韦氏词典》并没有说人们"希望"价格上涨，而是说"预期"价格上涨。某人下注 100 美元，以 1 赔 10 的赌率，赌名叫"火花塞"的赛马，他希望这匹被自己下注的小马能在比赛最后获得第一。像赛马这么不确定的事情，赌客并没有合乎逻辑的理由，预期事情会有一个圆满的结果，因此，这个人就是一个赌徒，而不是一个投机者。如果同样的一个人出于一种期望而非判断买了 100 股麦克卡车公司的股份，或是其他公司的股票，那他同样是赌徒。事实上，这种购买行为可能是因为自己研读了内部人士透露出的信息，或是愚昧地相信了某著名经纪人写给别人的市场分析报告。

事实上，赌博在股市交易活动中是一种常见的现象。诋毁股市投机行为的人通常对股市抱有赌博心理。而投机者通过思考后，才会给他们的经纪人书面下达购买订单，他们的行为为服务社会提供了重大价值。

投资人的先锋

像水因受地球的引力往低处流一样,在证券市场中,价格也总是回归实际价值。而投机就是做出调整的动力。会有这样一个新的行业产生吗?它可以满足新的需求,为社会增添新的财富,当然也需要大笔新的资本来创造产量。机敏的投机者会发现它,购买它的债券,并向投资公众宣传它的前景,为它提供新的信誉保证。有没有一个曾一度繁荣的公司,却突然崩溃、利润骤减且管理能力下降呢?投机者会找到市场上这些隐藏的弱点,抨击这些弱点,宣传它的证券报价机制报出的低价格,并且向那些投资者及时发出警告。在这种情况下,投机者是投资者的先锋,总是不断尝试把市场价格拉回到合理的投资价值,为那些成长型企业开放资本储备,同时使得那些不能把资产转化为利润的企业退出投资。

增强市场流通性

股票投机和股票赌博给投资者带来的一大好处是,使其持有证券的市场流通性增强。其余条件都一样,对某一证券感兴趣的人越多,该证券的销路就会越好。或许市场流通性可以定义为一只证券面对众多上市股票的影响依然能够维持其合理价格的能力。在1万股上市股票突然冲击下的美国钢铁股的压力,肯定没有像那些面临100万股滞销压力下的某些知名铁路公司,诸如艾奇逊铁路那样做出同样的让步。股票市场的流通的广泛性主要是投机行为的结果。

投机者把证券价格拉回实际价值的过程中,其心理动机与投资者寻求机会以获得更高资本回报率是一样的。聪明的投机者肯定会在这种追求中进行投机,进而成功。而作为投资人,他可能不会像那些公认的投机者那样迅速收益。但是很明显,成功的投资者与有头脑的投机者的区别，只有程度上的差异，而不是类型上的不同。

投机与生活成本

一个已经挣了一大笔钱，却不知道如何以最佳的方式保有这些财产的人常常会这样抱怨："挣钱容易存钱难。"像肯尼斯·范·施特姆这样的投资研究者近期做了研究，他的一篇名为《投资与购买力》的文章发表在了《巴伦周刊》上。然而这篇文章并没能解决那个寻求保护财产的人的困扰。过去那种以债券和抵押贷款等为主的保守投资策略，已经遭到了当代权威们的猛烈抨击。这些专家们强调，稳健的投资政策应涵盖所有基金的普通股，这样股票的股息收入才可以抵消生活成本的持续增长。换言之，保守的投资人想维持真正意义上的和名义上的财产价值，就必须给自己创造一个收获投机利益的机会。这种说法再一次强调了，从实务的角度很难区分投资者与投机者。

当投资者已充分认识到，他应该抱有获取投机利润的心理时，他就很可能会再往前走一步。即使是绩优股票，也会发生意外；不论是为了保护自己，或者是为了保护资金的实质价值，不受生活成本增加的情况下，保证资金的真实价值，投资者购买的证券必须至少有一部分是预期有盈利的。如果这部分盈利正好能抵消偶然的损失及生活费用的增加，那他就不可能从中获取利润。面对这种可能的情形，投资者自然会寻求稳妥的方法，避免犯下错误，以便获取稳定的净收入，即便这可能需要几十年。从某种程度上说，他已经跨越了投资者与投机者的界限，成了一个投机者。至于寻求资本收益的希望究竟可以实现到什么程度，一方面要看自己的性情而定，另一方面要看他能付出多少时间和精力来研究证券价值而定。

成功之路

通往投机的成功之路在于研究价值。成功的投机者必须购买或持有那些售价低于真实价值的证券,从而避免购买或售出那些高于真实价值的证券。成功的投资者应该遵循同样的策略。有的投资人购买价值低估的证券,目的是想追求更高的长期投资报酬;有的投资人是追求资本利得,一旦价值低估的证券经过调整与正常股价相持平时,就能给他们带来资本收益。

影响投机者的一个重要因素就是完成这种价格调整所需要的时间。就这方面来说,投资者和投机者的立场截然不同,投资者不关心时间问题,但时间问题却增加了投机者活动的复杂性。证券同服装一样都有流行期,一只证券的价值可能被低估,但如果它落伍了,那么对于投机者来说它就没有任何意义了。所以,除了要研究真实价值的要素外,投机者还要去学习股市心理学。

股票与地产的相似之处

影响着证券的价值的因素有无数个。一个想成为成功投机者的业余证券商,将会发现研究价值不是入门之道,相反,他会觉得投机虽然复杂,却非常有趣,而且也很有赚头。本质上来讲,就像其他任何领域一样,证券价值主要靠比较之后确定。这就好比一个出色的地产评估师,会把某一地产的价格与他所知道的同一类别的其他地产的最新售价相比较,虽然它们每一个都不是完全相同,但经过适当的调整后,就可以合理地估计出真实价值。在证券市场中,出色的证券交易者同样也会把一种证券与他所知道的其他证券相比较,斟酌它们之间的差别,然后对其出售价格做出评估。同样,他也十分关心证券价格水平的总体趋势,这时他必须通过比较证券市场现状和过去某段时间内的类似情况,以此来判断整个证券市场的行情趋势。

仅仅用一章的篇幅，实在很难详细讨论证券价值和价格趋势的诸多影响因素，甚至只单独讨论价格变动这一影响证券价格最重要的因素都是不可能的。然而，要回答"什么是投机"这个问题，也许说得足够多了。事实上，投机与投资密不可分。投资者必须承担一定程度的投机风险，聪明的投资者会追求投机利润的方案。如果他有时间、适合的性格和能力，那投资人可能会进一步追求投机利润，而不是去选择红利和资本利息。通过这一方式他可以对投资者提供颇有价值的服务，就像投资先锋那样帮他们寻找盈利最多的投资渠道，一方面增加投资财产的市场流通性，另一方面协助这台主要服务于投资者的金融机器正常运转。

第二章 证券市场机制

走进美国任何一个大城市的金融区,看看门口的招牌,在各个公司的名字下面有各式各样的说明标识。最常见的是"纽约证券交易所会员",还有其他的一些,比如"经纪人""投资证券""投资公债""银行家""贸易商"和"专家"等名称。即使两家公司用完全一样的词语或短语来描述他们的生意,但事实上他们可能经营着完全不同类型的证券,给客户提供截然不同的服务质量。因此,众多为投资者或投机者提供服务的公司,都成为这个投资与投机大机器的一部分,这台机器每年将美国人节省出来的大约1000万美元投入到各种盈利渠道中,并维持着这样一个已有数十亿证券上市的证券市场。这台机器极其复杂,与个人的接触也非常频繁,因此有钱人通常是很偶然地,而不是出于明智的抉择就进入股票市场的事,也就没什么奇怪的了。

代理人

总的来说,经营证券业务的公司可以分为两类:一类是投资银行或者是商业银行,另一类是经纪人。前一类公司用自己的账户买进大笔证券,然后再零售给投资公众。本质上来讲,这种公司与街头小商贩成桶购进食糖，又以每份 5 镑的价格零售出去没有区别。而经纪人却提供着完全不同类型的服务。经纪人也是代理人，他们一接到客户买进或卖出委托单后，就开始以最有利的价格，为他们的客户寻找卖主或买主。然后从这种服务中收取少量的报酬。与投资银行家们依法拿走的利润相比，他们所获得的报酬只是其中很小的一部分。事实上，虽然经纪人和投资银行家的作用差别很大，但很多公司在同时扮演这两种角色。某些大型经纪商也积极买卖证券，包括债券和股票。而一些大的投资银行都设有活跃的证券部门，该部门承接各大市场上的股票交易订单，并收取一定的费用。

投资银行

证券经销公司通常是债券交易商。美国城镇、州郡、铁路、公用事业以及工业公司所发行的长期债券时，往往都是通过债券发行给国内的大商业银行家的形式获得的。而股票通常不采用这种形式上市，也不像债券那样发到投资公众手中。因而有很多投资银行只从事债券交易，也有成百上千的银行只做一种债券生意，比如市政债券、不动产抵押债券或是公用事业债券。投资银行派出成千上万的推销员到家庭、商店或者办公室去寻找投资者，尝试转卖手中的债券，以赚取差价。这些销售人员和他们所代表的公司，通常仅对他们自己买进的债券感兴趣，却往往对其他债券没有详细的了解或者是明智的判断。

业余证券投资者

通常情况下，证券公司对投机者不感兴趣。因为他们发行的公债大多有固定的资本回报率，基本上没有资本增值机会。这一情况有时发生在牛市，股票价格会突然激情洋溢地上升两三美元。那些习惯以此获取小利的投机者，并不是证券公司的理想客户。他们更喜欢那些把债券当作一种收入，并且通常能长时间持有这些证券的客户。通常那些想要快速获利的人被比作"乘客"，他们很少从这种交易形式中赚到大钱，反而经常因此在与证券公司交易的过程中往往处于被动的地位。有这种投机行为的人是典型的业余选手，虽然他们对债券知识的了解很少，但也足够他们幻想自己是专家的。

股票融资

一般证券公司偶尔会发行一些优先债券和高级债券。优先债券是由希望筹集新资金的公司，用发行债券的方式创造和销售的普通债券一样。成长型公司为了保证强有力的资本组成，也需要从公众中筹集资本，这样他们就被迫卖出一些优先股或普通股，以便支持他们靠不断放债发展起来的资产结构。近几年，公用事业公司也已经发现，在很多情况下可以直接向他们的客户卖出自己的股票，并且设立专门的处理发行部门来办理这种证券首发业务。很显然，对于那些经过很长一段时间才需要新资本的公司，用传统的方法来处理他们的股票，是再好不过了。

普通股的权益，尤其是工业公司的普通股的权益，一般是靠对盈利业务持续再投资而不断提高的。只有在特别有利的市场条件下，少数著名企业之外的公司才能靠销售普通股来满足资本需求。在1924~1929年间，牛市即将达到顶峰的时候，许多实力强劲的大公司都通过出售他们手中的普通股，完全或部分地从债务危机中解脱出来；但是在1929年后，先前的这些公司中只有不足 1/5 的公司能有效地推行这种政策。当用股票筹集资金的方法可行时，公司通常会直接向现有的股东发售股票，而不是向一般大众销售股票，股票通常由投资银行负责承销，投资银行会收取较低的手续费，来负责处理股东没有购买的股份。

普通股是如何上市的

投资银行承销的大笔普通股，通常是由公司的全部或部分股息转化而成的。那些成功的企业家可能想在退休前，希望通过投资不同形式的证券，以提高他财产的流动性。对于两家一大一小互相竞争的公司的合并来说，规模较小的公司所有人可能因为合并而失去控制权，于是就希望释放持股。投资银行家们都毫不讳言地指出，近几年诸如此类的动机已经致使许多在十几年前被称为"内部持股公司"的股票得以大量上市流通。这种企业的股票上市流通后，如果不能对于企业主产生好感，投资银行都会毫不迟疑地指出来。而那种足以保证公众利益的大公司实在少之又少，因为公众根本没有机会购买他们的股票。

有组织的股票市场

除了那些批量购买公债和股票并零售给客户的公司外，还有大量公司只做经纪人业务。这种公司大多数是该国某个或多个有序的股票交易所的会员，纽约证券交易所就是证券交易中心最大的一个。除了美国国家证券交易中心外，纽约证券交易所也为与日俱增的证券发行提供了市场。而且在其他主要城市，从波士顿到旧金山，都有大小不等的证券交易市场。到目前为止，绝大多数证券投机者都在这些证券交易所的交易大厅进行。

梧桐树下

纽约证券交易所的光荣历史，可以很自豪地追溯到美国独立战争时期。与其他所有的战争一样，美国独立战争之后也产生了严重的国债问题。在当时的情况下，政府向投资公众发行了总价值为 8000 万美元，年息为 6% 的政府债券。战争结束后，费城和纽约这两座城市，都迅速组建了很多银行，自然而然地也就形成了政府债券和银行股票的交易市场。很快就有很多人通过为证券买方和卖方做经纪人谋生。因某种偶然的因素，这些经纪人养成了一个习惯——在如今位于华尔街 68 号的一个大梧桐树下会面谈生意。无疑，为了拉拢客户，他们中的一些人试图通过削减客户佣金的方式来吸引客户，这让经纪人几乎到了赚不到钱的地步。不管原因为何，他们不得不建立了一个初始的组织。1792 年 5 月 17 日，他们中的 24 位经纪人签订了以下协议：

我们所有购买或销售公众股票的购买人和经纪人庄严宣誓，从今天起，我们不再以低于交易额 0.25% 的佣金去买入和卖出任何类型的公共股票。并保证我们彼此之间进行交易时，会给予对方一定的优惠价格。

有了这样的一个开端，在之后的许多年都没有什么大的进展。直到 25 年后，这些经纪人成员觉得有必要建立一个能够庇护他们的场所，这就是早期的证券交易所，关于交易所成立的早期年份的资料，现今保存下来的很少，而早期的交易所似乎有过许多驻所，甚至还包括一次大灾后，临时避难用的干草棚。今天，壮观的股票交易所拔地而起，它华丽的大理石塔顶俯瞰百老汇和华尔街，在这些交易大厅中，每个月都有价值数十亿的证券被转手交易。它的成长是美国经济发展的一个必然结果。这样一个提供信贷证券和所有权交易的自由市场，理所当然地成为现代文明的必要组成部分。

严格的道德准则

从股票交易市场原始协议内容中，可以发现创办交易所的人受两种动机驱使：保护他们的佣金比例和对抗来自会员之外的竞争。如今详尽的规章将佣金比例固定了下来，并有效保证成员在该中心交易证券的垄断地位。与现代商业惯例一致，交易所也主要致力于保护会员经纪人的客户的利益。即使在今天依然找不到可以比纽约证券交易所的成员道德水准更高的地方进行交易。

从逻辑上说，证券交易所可以被看作是贸易联盟，或者是私人俱乐部，后一种比喻更为常见。交易中心由1.37万名成员组成，它为成员间的交易提供硬件设施，也为他们之间的交易行为制定高标准的规则。证券交易所的另一个目标就是"促进和倡导公正、平等贸易及业务原则"。纽约证券交易所的管理委员会拥有绝对权力，其下多个分支委员会则掌控交易所的实际管理权。如果某个会员被大多数成员认为严重违反条例、决议或者其行为没有遵守"公正平等贸易原则"的行为，都会被取消会员资格，严重者会被永久开除。为了维持自有公开的市场环境，不仅行为不检的成员会当即受到严厉惩罚，就连证券交易所当局也会同样受罚。如果某人遭到误导，企图垄断某一上市股，他就会突然发现自己持有的股票没有任何销路，因为证券交易所当局中止了该交易。交易所本身碰到过一两次严重的危机，甚至交易都陷入停顿，最著名的要数1914年第一次世界大战爆发后，纽约交易所停业达几个月之久。

经纪人如何开始业务

如果一个经纪人想成为证交所成员的话，首先他必须从退休成员那里以高达50万美元的价格（依市场具体情况而定）购置一个"席位"。然后他还必须用充分的理由来说服2/3以上的成员，认定他是个高尚或者具备突出能力的人，他才能加入该组织。通过这些考核以后，他就可以在他办公室门窗上的公司名字下面注上"纽约证券交易所"字样的标识，同时也有权走进交易大厅处理客户的单据了。如果他觉得去寻找订单比急于处理订单更有利益，他就可能通过"2美元经纪人"的办法来处理他所有客户的单子，这些经纪人就是为其他会员处理订单的经纪人，通过服务收取客户一小部分佣金。

经纪人的第一份订单

我们假设詹姆斯·麦迪逊先生已经通过麦迪逊公司的选举，成了证券交易所的一名会员。现在，麦迪逊先生就在交易大厅中，公司的第一个客户走进办公室，向他递交了一份购买 100 股艾奇逊铁路局股票的订单。这份订单立刻就通过电话专线传送到位于大厅一角的公司电话亭上。接线员把麦迪逊先生的号码打在墙上的两个信号器控制板上，麦迪逊先生看到后会迅速来到自己的经纪人那儿拿到这份订单。然后，走到艾奇逊公司股票专卖座，他可能会发现另有一个经纪人手中拿着出售单，或是正从艾奇逊铁路局的专卖人那里买进一些股份。如果这个订单的客户要价与当时市场价差得太离谱，麦迪逊可能就会把这些订单留给专卖人处理，由他记录在自己的本子里，最后以"2 美元经纪人"的身份去执行它。专卖人可能是艾奇逊铁路局的经营商，也可能是经营其他股票的人。他会以很少的利润以自己的名义买进或出售订单，或者扮演着"2 美元经纪人"的角色。根据股市交易中心的规定，在处理这些单子的过程中，交到专卖人手中的单子要优先于他们自己手头的业务。同时他也被禁止在同一笔交易中既争取经营商利润又收取佣金。专卖人的存在保证了各上市证券在市场流动中的连续性。

零散股交易

假如麦迪逊公司接到的下一份订单是出售 25 股通用电气。这份订单立刻由大厅边上的电话接线员，传给与麦迪逊公司有业务往来的零散股商行代表手里了，由该零散股商的通用电气公司的代表负责处理。很多零散股的商行始终站在那里等着买进或卖出任何 100 股以下的股份。如果通用电气的股指成交价是 82 美元，那么这些人就会在 81.875 美元买走上述的 25 股。对于价格较高或股票不很活跃的情况下，其价格可能会上升1/8，或者是增加1/4，甚至是更多。这个差价是用来弥补零散股商行的风险，因为如果零散股商行以这种形式购买，等他购买到100股的时候，这些股票的价格可能已经跌了。幸亏有这些零散股商行的存在，与100股以上（整数股）交易数量的客户相比，小的投资者和证券商才能够以最小的风险购买或出售上市股。在拓展和稳定市场的重要因素中，零散股交易也是其中一个，它的存在也为总交易额做出巨大贡献。由于实体设备限制，股票走势图不会反映出零散股的交易，只会反映出那些在活跃的股市中进行的大批交易。

在这个购买100股艾奇逊铁路局股票的交易中，卖方可能既不是专卖人，也不是"2美元经纪人"，而仅仅是交易大厅中的一个证券经营商。这个经营商当然是证券交易所的会员，他用自己的账户进行交易，目的就是追求小而快的价差利润。他徘徊在大厅中间，机警地寻找赚钱的机会。对大厅的证券经营商来说股票转让所得税是个不利的条件，因为每转让100股价值100美元的股份时，州政府和联邦政府就要收取4美元的税款。所以100股12.5美元的毛利润就会变成8.5美元的净利润，如果卖出的股票亏损12.5美元的话，那纳税后就相当于亏损了16.5美元。即便在不赔不赚的情况下，在每三份交易中，经营商必须有两次的判断是正确的。在这些税款征收条例出台前，纽约交易所内曾有200多个大厅经营商，但现在已大大减少。

严格的交割规定

当詹姆斯·麦迪逊公司为他的客户购买一大笔股票后，不论是从一个赚取佣金的经纪人、股市专家、大厅经营商、零散股交易商行购买，还是通过只赚取2美元佣金的经纪人手中购买，在交易完成前仍然有很多事要做。其下一步就是交割。根据股票交易中心规定，"常规"的交割手段是，卖方必须在第二天下午两点前把股票交割给买方。除此之外，买方卖方双方就要签合同。比如，一个身在加州，证券却在旧金山保险柜中的投资者，肯定无法按规定在第二天的下午两点交付证券。但很可能他经纪人所在的驻纽约办事处，有很多替其他顾客持有的股票供他完成交割，这样在其客户同意的情况下，临时从其他账户中借取足够的股票。如果这种方案不可行，那么买卖可能要7天后才能进行，这样卖方有足够的时间把他的股票转进纽约办事处，当场成交价将明显不同于正常交割价。在常规交割情况下，如果股票不能即时到账，买方有权就卖方违反股票交易条例要求赔偿。1901年著名的北太平洋铁路公司轧空（轧空，股市用语。是指投资者普遍认为当天股价将下跌，于是都抢空头帽子，然而股价并未大幅度下跌，无法低价买进，收盘前只好竞相补进，反而使收盘价大幅度升高，形成一种空头倾轧空头的现象）事件中，交易者卖出这只股票，原本预期从欧洲股东手中拿到股票，延后交割，却在证券交易所严格的规定下，经销商付出了惨痛的代价。

股市交易的清算

为使大厅交易后交付手续的办理工作简单化，证券交易所在1892年建立了交易结算系统，所有最热门的上市股票都要由股市清算机构为股市会员进行清算。假设麦迪逊公司卖给了约翰·亚当斯公司300股美国钢铁公司的股票，而约翰·亚当斯公司此前又卖给了富兰克林公司300股美国钢铁公司的股票。每个公司都要在交易当天结束后，将他们每一笔交易的销售单据和购买单据交给清算公司，清算公司将按照这些销售单据从卖方账户上提取相应股份，按照购买单据向买方账户付出相应股份。通过比较清算公司会员手中的这些单据，我们会发现很多单据是互相抵消的。比如在上面的例子中，结算公司就可以让麦迪逊公司直接将美国钢铁公司的300股划到富兰克林公司的账目上，这样就节省了一个步骤，也就没有必要为这一步骤设立清算系统了。

股市交易大屏幕和股票走势图

前文已经粗略描述证券交易所营业大厅的情况,以及经纪人之间的交割问题,现在让我把焦点转移到经纪人办事处。一般的客户都不了解交易后台的具体流程,在典型的经纪人办事处里有一个行情室,里面配备黑色大屏幕,上面列出了重要股市的交易活动。一个办事员站在股票价格自动收报机前,每当有股票交易时,就把这些显示着证券交易曲线图打印出来,并念出纸条上主要股票的成交情形,公司职员则把最新的价格贴在黑板上。站在大屏幕前的客户们可以随时了解所有重要股票的开盘、走高、走低以及该股的最新报价。大屏幕显示了股市每天的交易记录,股票走势图也是当时股市交易情况的生动图鉴。交易大厅的交易进行得如此迅速,股票走势图的汇报如此完善,因此在正常的情况下,一个远道而来的证券商一般从下订单,到收到交易确认函,然后关注股票走势图,这一过程只需要短短的2分钟。然而不幸的事件发生了,上市股的迅速膨胀与交易额的不断增长,已超过了自动收报机对这个活跃股市的汇报能力。在1929年10月和11月那些令人恐慌的日子里,自动收报机有时候竟然滞后股市几个小时。在这种情况下,交易商无法及时得到准确的信息,这大大加剧了他们的情绪失控,也加剧了股市的衰落。

保证金交易

一个下订单购买钢铁公司100股的客户,可能是个现金客户,但更有可能是一个保证金客户。在一些无知公众的眼里,采用保证金的形式购买证券是一件很丢脸的事。令人遗憾的是,这个词偏偏只与股票交易有关,没有人去谈论有人以保证金交易的形式买了一套房子、一辆汽车或是一套通信设备。从本质上讲,用保证金去购买财产和购买债券没有任何差别，买方想购买上述的每一样东西都需要缴纳一定的首付金。由于汽车、通信设备的贬值速度通常比较快，因此买方通常采取分期付款的方式购买。住房等更长久稳定的资产，对以其价值的适度比例所做的抵押贷款，其回收可能会无限期延长下去。如果债券以赊购形式售出，经纪人只要求客户的贷款和证券价值之间保持一个较好的差价就可以了。

推销垃圾债券的奸商常常会花言巧语地劝人们不要进行保证金交易。对于那些分不清什么是投机、什么是赌博的不太老练的证券商来说，他们往往就很容易受到这些言论的蛊惑。然而，从这些推销垃圾债券的奸商的立场来看，关键的是他们所推销的垃圾债券根本无法作为抵押品，因为任何一家理性的银行或经纪人都不会接受这些债券。

某交易商在 125 美元的时候首批购买 100 股美国罐头食品的股份，他首先向其经纪人账户存了一小笔钱作为保证金。根据市场情况，要交纳的保证金应在 1500～5000 美元，余额则由经纪人提供，这笔余额的大部分或是全部都是经纪人从银行贷款来的。只是他们从客户那里收取的费用要比付给银行的利息高一点，这样他们除了赚取佣金外，还能赚取一点利息。由于经纪人向银行的借款金额波动很大，因此他们每天都要通过重新申请，或以活期贷款的方式来获得大部分贷款金额，银行利率每日都在波动，对此在股票行情走势图上也有显示，这也是证券商密切关注的股市技术指数之一。股市债券的抵押贷款实际上没有什么风险，因此美国所有的银行和贷方都采用这种贷款方式，把他们的闲置资金作为投资媒介。尽管活期贷款可以为投机提供大笔资金，但很多资金是利用短期贷款的方式取得，期限一般为 6 天或 6 个月。

场外交易

在美国主要的证券交易所中，经销商名录绝对不是那些投资银行和证券交易所通过简单的讨论就能掌握的。投资人广泛持有的未挂牌上市的证券种类，要远远超过各大股市中成千上万的上市股票和债券的数额。与某些经纪人主要经营上市债券一样，有些经纪人和证券经营商主要进行的是未上市债券的交易。在任何财经报刊中，读者可以看到许多经纪人登出的关于想购买或出售股票的广告。如果某经纪人在他要出售的股票中专门注明了大陆器具公司，那么这表示该经纪人正在为他的客户寻找买主，或是正在以他自己的账户来直接销售股票。未挂牌上市证券的投资者和证券商应牢记：在交易中他们不会受到诸如纽约股票交易所那样严格的条例的制约。他们试图以低价买进然后以高价卖出，除了良心发现和彼此竞争外，他们的利润和佣金不受任何其他限制。在未挂牌上市证券市场上，根本不存在什么大陆器具公司，也没有人去监督你的交易。因此买方只能小心谨慎，避免上当赔钱。

未上市证券的交易商试图用正当的手段赚取佣金或利润，因此打电话就成了他们的主要手段。他们时刻都在打电话，探询交易商报价单，为自己手里的证券寻找市场。如果他们发现有人愿意以81美元的价格卖给他们一笔债券，并且有人愿意以82美元的价格买这笔债券，这笔交易就会给他们带来"油水"。有时也会碰巧发生这样的事：一个纽约的经纪人会买一个费城经纪人手中的债券，然后再以一定的利润卖给与那人同在一栋大楼办公的另一个费城人。与如此精明和有远见的专家交易中，一般的投资者不会占到什么便宜，特别是当他不是一个老客户的时候。如果投资者与投机者有眼力辨别出真正的便宜货，他们应该学会如何在未上市证券市场上交易。

股票拍卖

纽约、波士顿和费城的拍卖活动，给那些未上市却又十分重要的证券提供了一个开放的市场。这些拍卖活动通常每周举行一次，拍卖的对象就是当地未上市证券的零散股票。当清算财产时，拍卖会又能清理出一些几乎毫无价值的无名股票，拍卖会也成了倒货的方便"垃圾场"。

有时候很多的证券都一股脑儿一起售出，拍卖吸引了那些一直在寻找廉价股的经营商。有时候这些经营商会花 5~10 美元买进证券，结果它们会迅速升值到几千美元。对于那些未上市股票，拍卖活动也为他们的报价提供了基础。

如何找到可信赖的经纪人

美国大多数著名的投资银行都是美国投资银行家协会的成员，这个协会的成员不会像纽约证券交易所的成员那样去履行他们的义务，但他们确实可以保证一个公司有足够的资本，能够运营两年以上，并在它的同行中享有很高的声誉。因此，如果一家投资银行不是这个协会的会员，投资人就有充分的理由表示质疑，并研究其中的原因。对于上市证券的投机者而言，他的经纪人非常需要的是纽约证券交易所的会员资格。根据规定，组织成员不准把他们的佣金分给非组织成员，因而就不会发生非组织成员公司在经营上市股票中获取利润的事。这样纽约证券交易所的成员就可能签订一项互惠协议，把客户买卖纽约证交所挂牌股票的所有业务转给纽约同行，借以换取纽约同行将对应地区性股票生意转交给自己。任何声誉良好的公司，都会尽可能地将挂牌股票的委托单成交。从事上市股票业务的公司如果不是纽约证券交易所会员，几乎就没有营生的能力，这种公司跟没有生存技能的人一样，非常值得人们的怀疑。如果业余的投机者对有关投机原理的知识一无所知，那他至少应该学学如何区分经纪人和投资银行家，以免日后被"野鸡证券交易所"骗走钱财。

第三章　投机工具

　　无限的视界在想要投机的人面前展开。所有的商品都可能成为他贩卖的对象。然而，如果他把自己的经营范围仅仅局限在股票和证券上，这也并不意味着他是在把他的商业活动范围缩小到了一个狭窄的领域内。证券的价值与价格受很多因素的影响。如果他对黄麻感兴趣，那他会发现，该证券价值不仅受商品本身状态的影响，而且还受到印度气候的影响。如果他设想过自己是一个经营棉花的专家，那他就会发现化肥市场、纺织品市场以及某些铁路部门的股价起伏，都要受到对棉花产量预测的影响，其程度不亚于棉花期货报价所造成的影响。

　　在证券市场中，你会发现从几分钱的矿业股到昂贵的政府债券之间，投机者会发现证券的价值会随着证券本身价值和升值可能性的不同而不同。只要投机者下达命令，他的经纪人就会根据他的吩咐去买这两种证券或这两种极端之间的债券。当然，他绝不仅限于投资债券和股票。认股权、卖出选择权、买卖选择权和保证期权等交易工具都有各自的投机空间。至于债券，他可能会有很多细分的种类，比如抵押债券、信用债券、收益债券、可转换债券以及担保债券等。各种类型的股票琳琅满目，如优先股、普通股、A股和参与分红优先股等。在打算冒险购买和出售证券前，投资者至少应该先懂得这些名字的含义，并对每一大类股票所包含的风险和可能带来多大的收益有一定的认识。

利润无极限

对证券的最粗略分类就是按照债券和股票分，也就是按照义务和所有权区分。债券是承诺支付固定利息，并且在到期日偿还特定金额。大体上来说，债务人只需要在将来兑现这些已经承诺的事项，而对于管理良好的企业，所有权投资者的获利是没有限制的。这就是为什么自古以来，人们都深信债券本质上是一种投资，而股票是一种投机。在所有权投资者将失去利润的情况下，债务人也必须兑现他的承诺，否则将招致法律的强制执行。

因此，购买债券的可能利润就买进价与到期后受偿值之间的金额差，或是买进价与提前赎回价格之间的差价；计算可能的损失就像计算买进价与零之间的差价一样简单。如果这种债券是一种稳定的投资，而且息票利率很接近这类证券的市场利率，那么它将来的出售价或收盘价就会接近票面金额，赚取利润的机会就微乎其微了。同样的一笔稳定投资，但息票利率低于市场利率，那么该证券当时的价格会发生折价。值得注意的是，市场价与票面价值间的差价并不意味着投机利润，只是弥补债券买方收取的息票利率低于市场利率，所造成的利息收益损失。有远见的债券商行绝对会把折价出售看作是迟来的收入，并计算卖给客户相应的债券理论上所能带来的收入。

违约债券的利润

当债券折价出售时的价格远低于票面金额，而两者差额在补偿了低票面利率产生的损失之后，如果还有剩余，这个剩余的金额就是违约风险补偿金。这种情况让警觉的投资者有机会获利，如果通过调查他发现违约的风险要远比折价所预示的风险低的话，那么他就会购买这些债券。假设违约很可能会产生或已经产生了，那么债券的价格就会出奇的低。有这样一个例子，1924年3月，弗吉尼亚—卡罗来纳化学工厂宣布破产，其前兆就是该公司的债券价格暴跌，跌势一直持续了好几周，使该公司年息7%的第一抵押权债券在5月份的最后一周跌至53.125美元的最低点。以这个价格计算，公司全部资产总值2250万美元的第一抵押债券，在公开市场上出售的销售额还不到1200万。1919年，这一年是化学行业最繁荣的一年，当时的投资公众对这个公司的估值超过了5000万美元。但到了1924年，该公司完全丧失了1919年那种收益能力，也失去了部分运营资本，但公司的固定资产并没有任何损失，其产品仍然是市场上不可或缺的。我们完全有理由做出这样的猜测，在基础工业的情况下，一个拥有着庞大的固定资产和广泛业务的大公司，应该很容易找到方法恢复运营资本并最终恢复盈利能力。因此，弗吉尼亚—卡罗来纳化学工厂年息7%的第一抵押债券价格回升，而且到了1924年低位的两倍以上。

需要耐心的时候

对于那些买了弗吉尼亚—卡罗来纳化工厂第一抵押权债券的投机者们，他们等了不到两年的时间就获得了丰厚的回报。相反，如果他们买了另一家公司的第一抵押债券，比如1939年到期，年息为6%的美国书写用纸公司的第一抵押债券，那他们就会发现需要更大的耐心去等待收益。该公司陷入破产管理的时间比上弗吉尼亚—卡罗来纳化工厂早几个月，当后者成功地资产重组、再次出现在公众面前时，前者依然前途未卜。事实很简单，一个拥有大量固定资产抵押物的抵押债券，以低于它的成本甚至低于抵押资产允许价值的价格出售时，并不表示这为证券商提供了一个迅速赚钱的好机会。实际上买进该证券之前，仍然必须评估公司重新恢复获利能力的展望是否理想，是否能在有利条件下进行公司重整。

事实证明，在破产监管公司重组过程中，其债券的发行往往成为吸引投机者们的工具。起初，公司就要破产的事实在公众投资者脑海中遮蔽了另一个同等重要的事实，那就是这个公司正在进行"外科手术"，正在康复。如果全权负责重组的银行家是一个十分有能力的金融方面的专家，资本结构经过重新调整后，公司的盈余收入应该可以轻轻松松支付所有债券的利息费用。以布鲁克林境外快运公司为例，公司重组时发行了为期45年、面值9200万美元、年利率为4%的次级抵押债券。资本重组后，虽然公司第一年的已经赚取了足够支付债券利息的金额，但上述债券在1923年的价格仍然在65.25~74.375美元徘徊。把这些价格平均一下，他们的收益不足9%。但在两年的时间里，这种债券就以超过90美元的价格卖出，从此他们的售价一直高于面值。

收益债券的由来

当公司进行调整后，如果重整管理人不能确定基于利息的收入空间到底有多大时，他们喜欢通过使新发行债券的一部分或全部为收益债券。这种债权只有在公司赚钱，而且经过董事宣布后，才支付债券利息。当然，有时候债券协议中也规定一个收益支付利息的最小比例。这种类型的债券是真正的证券与优先股的"混血儿"。它有着明确的到期日，有时需要抵押权。经过一段时间后，这种债券可能变成高级投资。以1995年到期，年利率为4%的艾奇逊铁路局债券为例，虽然名义上这种债券仍为收益债券，债息发放与否，理论上是由董事会决定，但实际上在今天它已经变成了上等债券。这种收益债券常常为投资者提供大量的投机机会。1922年，密苏里—堪萨斯—得克萨斯铁路局进行资本重组，发行了年率为5%，1967年到期的，总值为5582万美元的调整债券。在破产管理期间，1921年该铁路局的收益率为7.88%，但是1922年这些债券的售价仍然低于50美元。但3年后，其就以超过90美元的价格售出了。

以密苏里—堪萨斯—得克萨斯铁路局的调整债券而言，其价格上涨的原因之一就是附有换股权，也就是用相等面值的方式转化为年利率为7%的优先股的权力。附有换股权的安全备受广大投资公众的青睐，这种特权可以使投机资本家仍然作为贷方，或是由他决定来成为该公司的商业伙伴。如果达到了预期的繁荣，那么理论上他可以通过无限地将债券兑换为普通股来获取利润；如果没有实现预期繁荣，他仍然是贷方，有权优先于股东催讨利息支付。附带换股权的调整债券可以转换为普通股，也可以转换为优先股，但是优先股的局限要比普通股多，因为优先股只有固定的股利支付率。但是有时候，优先股的权力也很有价值，比如密苏里—堪萨斯—得克萨斯铁路局的重整。

站在发行公司的立场来看，可转换债券是一种极富有吸引力的融资方式，原因就是，发行次级抵押权的债券，或者是无抵押的债券，如果附加可转换权，就可以当作"甜头"来买，让那些根本卖不出去的债券卖得出去。因而当意外发生时，一种新的高级融资之路就会向你延伸，而且债券最终会被兑换，这能使公司避免支付大笔费用，从而改善资本结构，提高信誉。

安稳的投机

站在投机者的角度来看，可转换债券被认为是"安稳的投机"。如果投机者购买了这种债券就相当于买进了有着稳定收入的债券，这种收入可能一般，但比较可观，安全性可能介于普通和良好之间。发生亏损的风险大于购买没有转换权利的其他债券，与此同时，可能还可以得到额外的收益，额外收益是这样算的：普通股应得红利减去转换价和股市价的总和。这相当于冒着最小的风险，赢得了无限的赚钱良机。

站在公司的立场来讲，把债券转换为股票，可以减少或消除公司的长期负债，这种特点很有吸引力。附有股权债券是一种可转换债券的变体，它与可转换债券有些不同，有时可以带来更多的好处。这种债券附带的认股权是指一种债券持有人在制定的期限内，有权利根据固定价格或某特定价格区间，购买特定数量的某类别股票。对于发行债券的公司来说，这种债券给了他们很大的弹性空间。比如说，一个公司的股票现在售价是15美元，每1000美元债券可以兑换成任何50股以下的特权，可能不会吸引任何投资商。相反，如果每1000美元债券附带以20美元的单价购买10股股票的认股权，它就更有吸引力了。因而附赠认股权，未来可能需要额外发行的普通股数量，只是可转换债券所需要额外发行股数的1/5。因此，公司通过发行额外股票进行调控所带来的干扰也就大大减小了。

可转换债券的发行给发行公司带来的仅仅是他们初始销售债券的收入；但是对于附有认股债券来说，如果将来认股权被债券持有人执行，就会给公司带来额外的资本收入。与可转换债券相比，投资这种证券的投资者可能更青睐附有认股债券，因为它不仅为投资者提供了股票购买选择权，而且还能使其保留债券投资权益。而对于可转换债券而言，他必须放弃债券形式的投资之后，才能实现股票方面的获利。

过去，人们从可转换债券和期权债券中赚到了大笔利润，有时达到了初始售价的好几倍。当然，并不是所有这种债券的发行都会带来大笔利润。投机者必须清楚地知道，他购买的是一只债券，只是附带有转换成股票或购买股票的权利而已。首先保证他要购买的债券本身风险足够低，然后再考虑这种转换和期权能否给他们带来盈利的机会，以及这些债券的价格是否会和那些不带期权的债券出售的价格很接近。如果接近，他就不会为这种期权付出昂贵的费用了。这种债券被称为"安稳的投机"，因为这种债券在理论上提供的获利机会没有限制，风险又降到最低。然而，有一点非常重要，投资人要购买一种债券时，绝对不能只因为这种债券被称为"可转换债券"或是附有认股权，就下手去买。这类似于另一种截然不同的情况，与投资人只因为一种债券具备第一抵押权就购买是一样不理智的。

20 种可转换债券的记录

那些买遍了 1922 年向公众发行的全部 20 种可转换债券的投机者们，在接下来的 3 年里可能就会承受着巨大的心理压力。这 20 种可转换债券中，有 4 种在此期间发生违约事件，另外有 2 种上市债券公司陷入自动重组，这 20 种可转换债券远比发行普通债券的死亡率高得多。尽管这样，在 1925 年 12 月 31 日，这 20 种可转换债券的价值总额仍然略高于原始发行时的买进成本。上述的计算方式是一种假设，在 1925 年之前被赎回的债券要么是以约定价格被赎回，要么已经转换成了股票，取其中对债券持有人比较有利的情况作为计算基准。假设那些被等值兑换为股票的债券就是债券的价格，按照上述假设计算后，这 20 种可转换债券的价值是 19667.5 美元，但到了 1925 年 12 月 31 日其价值就变成了 19740 美元了。起初的价格是从 88 美元到 101.75 美元，而 1925 年 12 月 31 日的价格，则是从 33 美元到 181.125 美元。

粉饰的效果

事实上，有丰富经验的投机商通过对 1922 年发行的这些可转换债券的分析之后，他们发现其中很多根本没有真正的投机机会。这 20 种债券里，有 7 种债券可以大部分或全部转换成优先股。从这些例子中可看出，这种转换权仅仅是种花哨的粉饰，其目的就是用来帮助销售债券，而实际上并没有让债券持有人享有真正的获利机会。去掉这 7 种债券，剩下的 13 种债券的总发行价格是 12877.50 美元，而在 1925 年 12 月 31 日那天，这 13 种债券的价值 13647.50 美元。这里显示的利润并不高，但是任何一只债券的选择都是随机的。而且根据这 20 种债券的要价计算，得出他们的利润为 7.06%，这个回报率要比在 1922 年购买债券的投资者的资本回报率要高得多。那些在 1922 年购买可转换成普通股的债券的投机者们，在没有深入调查债券的质量的情况下，在这段时间里都获得了很好的投资收益。

任何这种研究的实际困难都是没能把心理因素考虑进去。比如1922年发行的这些债券，就包括了维吉尼亚—卡罗来纳化学公司利率7.5%、1937年到期的可转换公司债券，到1925年12月31日那天，这些债券的售价是在99.75美元。假设某购买者购买这20种债券并把该债券留到1925年，可以想象他一定有极大的勇气与耐心。因为在维吉尼亚—卡罗来纳化学公司进入破产管理后，这种债券曾跌到27美元的低价。对于这种股票的持有人来说，为了摆脱不明朗的投机地位，当价格从27美元的低点反弹，在回升幅度远低于72美元之前，他可能已经抛售这种债券了。

直接交易

对于购买可转换债券的买方来说，他们都十分谨慎。因为这种投资只有在可以被转换的股票价格上涨，且涨幅远大于转换价格时才能盈利。而转换价格通常比当时股票市场上这种债券的发行价格要高。如果预期股票会上涨，那么投资者为什么不直接购买股票，然后获得买卖股票的收益呢？实际上，一般买家就是这样做的，他们直接购买股票，直接成为公司的股东，而不是购买股票的期权，当间接的股东。

可供投机者选择的债券种类很多，然而，总的来说，购买一家公司的股票，也就意味着成为这家公司的合伙人，对公司债务承担有限的责任，对公司的管理有一定发言权，通常有一定的参与分红的权利，但在本质上仅仅是股东。在公司中的地位，其地位与债券持有人不同。

各种各样的股票

在股票进行分类时，人们往往会习惯性地将它们分为优先股和普通股。然而最近几年，公司融资的方式变得越来越复杂。除了普通股和优先股外，还包括参与股、混合股、A 股、创建人股、管理股等不同的类型。对于两种不同的优先股，其享有的权利优先程度和限制可能大不相同。因而从投机者的角度来说，任何一类股票的好坏都不能一概而论，而是应该考虑到每一种股票的优缺点。

典型的优先股具有优先于同一公司普通股获得股息的权利，公司董事应该会在付给普通股股息前，先公布优先股的股息率。通常来说，优先股持有人的股息是可以累积的。如果公司在一些年度没有能力全部偿付优先股股息，那么在接下来的几年里它必须把拖欠的这些优先股股利全部付清，然后才能再付股息给普通股持有人。优先股持有人在公司财产进行清算时，有优先取回股金的权利。由于公司自动清算发生的概率比发生日全食的概率还要小，所以优先取回股金的权利并没有什么实际意义。发行公司经常有权利以高于票面金额一定数额的形式进行购回优先股。有时一个业绩出色的公司希望购回他们的优先股，此时，购回条款的规定对于优先股来说还是比较重要的。

对投机者来说，优先股并没有债券那么具有吸引力。如果优先股有稳定的投资和长久的股息收入作保障，那么它的波动就会很小。由于股息通常被限制在一定的比率内，只要股利的安全性有保证，发行公司的持续发展繁荣对于优先股股东并不重要。

比如，在 1924~1929 年的牛市期间，美国罐头公司股息为 7% 的优先股由于不可购回，所以在接下来的几年里其价格从开始的 109 美元一直攀升到 145 美元，这对于财产托管人来说无疑是一个令人满意的升值，然而和普通股的表现相比，那就小巫见大巫了。即使考虑到 50% 股票股利的发放和面值降低的影响，这个低级股价还是从 1924 年的 16 美元一度飙升到 1929 年的 184.125 美元。这个案例能凸显普通股股东在经济好的情况下所享有的优势。

另一方面，一旦发行公司陷入危机，那么优先股持有人将会和普通股持有人一样可能经受巨大的损失，但只有银行股例外，因为根据美国法律，银行股拥有双重债券。但是无论是购买普通股还是优先股，买方都不会把他们的全部投资损失掉。

可转换股和参与股

就像债券一样，优先股具有可转换的特权或认购股票的授权。在这种情况下，购买者得到的只是一种普通股的认购权，这种认购权比直接购买普通股的风险要低一些。享有参与权的优先股略有不同，参与优先股的股东不但有权根据规定比率获得固定的股息，而且当董事会想要给普通股股东发放高于既定利率的股利时，优先股股东还可以获得额外收入。这种股票和普通股一样都能反映出公司业务发展情况，但是股东会一直保持他们的优先地位。一旦发行公司要购回其发行的优先股，那么其购买价的上升空间自然会有一个极限。

混合股也好，参与股、A股也罢，它们都可以成为优先股，即使成不了优先股，那也很可能是次优先股或第三优先股。投机者必须对这些股票的条款进行详细的研究，并了解其在公司资本构成中的实际地位。美国国家现金出纳机公司A股就是一个没有投票权，但完全参与分红，3美元股利率的优先股。在每年得到每股3美元的固定股利后，这些股票和普通股一样参与后续利润分配。对于福斯影片公司的A股与B股，其不同之处只在表决权上，两者都有权获配4美元的股利，但是发行量较小的B股有权选择大部分的董事。

受欢迎的优先股

并非所有的参与优先股与可转换优先股都能给投机者带来利益。当经济低迷时，那些不能分派股利的一般优先股也可能勾起投机客的兴趣。比如在芝加哥、密尔沃基、圣保罗和太平洋铁路局的实例中，优先股就比普通股更受证券商的欢迎。而其他的公司也出现了这样的情况。

尤其是无股息支付的优先股是累积优先股时，它更成为活跃的投机工具。如果这种股票以低于 50 美元的价格出售，而且其拖欠股利金额累计等于它的市场价大部分时，那么投机者就会觉得有必要去关注该公司业务的复苏情况。其实，事实就是这些未支付的股息很少以现金支付，股东往往更愿意接受新债券而不是现金。在牛市时，替代现金的支付方式前景如何，经常成为热衷人士的热门话题。

普通股中不同寻常的利润

普通股是一种常用的投机工具，代表着一家企业的净收入，是高级股和优先股还债后和赔偿后剩下的全部资产，以及企业扣除个人所得税、税捐、租金、产权租用和优先股股息后的余额。由于普通股持有人对于资产和公司收益的要求权排在最后，所以在企业困难时期，他们也就第一个遭殃了。作为补偿，在公司繁荣时，债权人的利息和优先股股东的固定股利被支付了以后，只有他们可以获得公司剩余利润。在整个企业发展史中，那些白手起家最后收入惊人的案例简直数不胜数。某安全剃刀生产商在不到十年的时间里，见证了他们的投资价值从 1600 万美元增加到 2 亿美元创造奇迹的过程。取得这样巨大成功的例子虽然不多，但随着社会财富和人口的不断增长，在短短几年里，企业价值就翻了两三番的例子有很多。只有普通股持有人能够享受其中的利益，债权人和优先股股东没有资格分享。

绝不能放松管理

普通股持有者不仅有权分享扣除债权人债款和优先股股东薪金后的全部财产，而且从理论上讲，他们也控制着该公司的管理权。优先股股东可能有选举权，也可能没有选举权。普通股股东可能根据选举权利的不同被分为很多等级，但是总体来讲，公司的管理层是由普通股股东选举产生的。如果公司的股权非常分散，这种选举制度的理论意义要大于实际意义，小股东理所当然地就会投票去维持现有的管理层了。因而实际上管理阶层代表的是跟普通股股东利益不同的力量。在公司繁荣期，普通股持有人可能想拿到大笔股息，而管理层却想把盈利保留在公司，来维持更多业务往来和公司声誉。如果公司好多年连续亏损，于是那些没赚到钱的普通股持有者就想和公司清算，尽可能多地收回他们的投资，以便把它们投放到那些更有利可图的领域中。如果真的这样做就会破坏公司管理，所有人员，从董事长到办公人员，都得另谋高就。而这正是自愿清算基本不会发生的一个原因。

揣摩政策

管理层出台的某项政策都会成为投机者在预测股票价格走势时应该考虑的一个因素。比如，投机者不能毫无顾忌地假设管理阶层会把特定比率的盈余分配为股利。此外，他还应该假设公司永远都不会主动去清算。所以，关于公司账面价值和市场价值之间关系的假设是没有逻辑基础的。要去定公司的普通股市场价值，并不是像扣除所欠债款和其他一些赔偿金那样只要从公司的资产负债表上进行简单的加加减减那么简单。

投机者的主要兴趣在普通股上。虽然他应该了解一些债券和优先股的信息，敏锐把握该领域的盈利时机，但他的大部分资金还是会选择投向在世界各大城市的证券交易所里上市，以及在众多经纪人场外直接交易的数千只普通股。

第四章　股市风波——涟漪与波浪

证券价格存在着明显的波动起伏，这对于每个市场研究人员来说都是很清楚的事实。在股价持续走低时，有一个投机新手问拉塞尔·塞奇："你认为股价会反弹吗？""它们一直以来就是这样的。"拉塞尔·塞奇简洁地回答道。

假如这个新手几年前曾对美国电话电报公司的股票进行过调查的话，那他就会发现，对于这种特定的股票，在一个相当长的时间里，它会在90~150美元的价格范围内波动。大约在二十年的时间里，这只股票只有在恐慌市场，其股价才会低于100美元。在正常的年份里，股价通常稳定在115~120美元和135~140美元之间。"多简单啊！"新手不由地发出感叹，"我要是在120美元的时候购买美国电话电报公司的股票，然后等它涨到135美元时出售。那么我在这几个月内，不仅有可观的股息收入，还能收到12.5%的资本回报。"

7年时间增长15美元

理论上来讲，这是一个无懈可击的计划，而事实上它是站不住脚的。如果按这一前景估计，投机者在1917年会毫不犹豫地在120美元的时候购买美国电话电报公司的股票，那么接下来他需要等7年才能获得每股15美元的利润。与此同时他还可以收获6.67%的资本回报。但在这一过程中他必须熬住第一次世界大战的危机不安，经得起通货膨胀和严重的经济萧条。可能还不到7年，他就考虑连投机一起放弃的念头，但至少他会大大改变自己的投机理念。如果坚持不下去，他就会在有史以来最大的牛市之初，把手上的股票全部抛掉。

新手很快意识到，股票市场没有任何操作计划是简单可行的。然而，在"股价是不断波动的"这一真理下，他的经历不会动摇其对股票的信心。事实上，新手的下一个进步阶段——许多交易商根本不能超越的阶段——随着股价每天和每周大幅波动的观察结果一起到来了。买下比美国电话公司股票更不稳定的股票后，他很快就会注意到该股票在几天内就会涨跌5~10美元，很显然这是一个真正的获利机会。然而，在纽约股市交易所有几百种活跃的股票，那么交易者会选哪种股票作为经营工具呢？应该买进还是卖出呢？

大学教授的解决方案

大学教授可能会这样处理这个问题，首先试着分析影响股价波动的因素。确定了这些令自己满意的因素后，接下来他就进行逻辑调研，分析每种主要股票的未来走势，以发现哪一种股票处于买或卖的最佳时机。显而易见，这种分析方式需要付出大量的精力、时间、思想和知识，这大大超出了一般的交易商能够付出的程度。一般交易者的态度更像务实的生意人，对于这种解决投机问题的方法，总认为是荒唐可笑的。当他和同伴一起搭载火车时，同伴告诉他，邻居某某刚在股市赚了1万美元。这时，他就会想既然智商不高的某某都能赚钱，那么自己绝对可以轻松地在股市大捞一把。

一旦决定在股市里冒险，我们的新手首先来到了股票经纪人办公室做自我介绍。他渴望投机，口袋中想用来投机的钱蠢蠢欲动。假如他不是一个乐观的人，他就不会尝试冒险。因此我们谨慎地设想，他的第一份订单是买入股票。他很有可能买自己认为有前景的股票，或是买身边大多数亲朋好友认为将来形势看好的公司发行的股票；当然，也可能是他通过仔细阅读相关金融报纸、杂志发现的非常具有吸引力的股票。如果他仍觉得这些信息源不可靠，他还可以每年花费 40~5000 美元，从众多股票服务公司发行的股讯杂志中，挑选一本来订阅。如果这位交易者向他的经纪人寻求指导和服务，那他大可放心，因为经纪商指派给他的营业员一定有很多建议。

活跃股的优势

当下定决心后，这个缺乏经验的证券交易者，常常会观察股市行情的发展趋势。他会注意到，一些交易符号出现的频率要比其他的高。在典型的交易日里，六七百只股票中最活跃的十只股票的交易量很可能占到交易总量的 30%~40%。投资这些活跃股票肯定会有一些明显的好处。业余证券交易者很可能只购买这些股票，不仅因为其交易情况随处可见，更重要的是它的流通性非常好，并且对它有影响的重要新闻必定出现在报章的显著位置。

也许这个证券交易新手会碰巧选择通用汽车的股票，于是在看如今通用汽车股票交易的评价记录"GM3.48，5.48 1/8，1/4"时，他的经纪人会告诉他这些符号表示通用汽车以 48 美元的价格出售 300 股，然后又在 48.125 美元出售 500 股，48.25 美元出售 100 股，交易者很快会发现他那买进的 100 股，就是 48.25 美元买来的。如果他晚上看报纸，会发现通用汽车以 49.25 美元收盘，他当然会很高兴，但他没有理由认为这种市场变化是反常的。

股价变化到底有多快

正如行情指示的那样,通用汽车有 4300 万股普通股上市,每股上涨 1.25 美元,那么该公司的制造厂、流动资产、管理部门、收益能力以及公司前景的股价就会达到 5400 万美元。任何理智的人都知道在短短几个小时的时间里,该公司的实际价值会发生如此大的变化。那么,股价每天都在波动的意义到底何在呢?

潜在的买方和卖方

股票行情走势图记载着一只股票在一个交易日内成交的数量和每笔交易的成交价格。如果你想知道买方和卖方的动机,恐怕要依赖一些想象力,或者是凭空臆测。购买 1000 股通用汽车公司股票的买方可能是投资信托人,他通过对通用汽车公司的收入、状态和前景的彻底调查后,才决定要买进的。而另一家同样见多识广的投资信托人可能在同一天清算手中的股票,以赢得资金投资于更好赚钱的项目。某位散户利用到期债权的资金购买了 100 股该公司的股票,原因是他了解到通用是一家实力强的公司,股利收入有保障。某位短线交易者也买了 100 股通用公司的股票,希望汽车销售量的季节性增长可以带动这只汽车大股价格的上涨。某遗嘱执行人为了把遗产变现,会将富商保险柜中的全部债券卖掉。这都是买卖股票的例子,这样的例子还有很多。

通用汽车以及其他一些公司股票价格之所以会有小额波动,主要是供求比例不断变化造成的。比如,像铜这种商品,消费者对其需求量超过产量的情况可能是一天甚至一个月,但它的价格并不会受其影响。但是在股市,即便只是某一瞬间股票需求量大于市场供应量,或者市场供应量大于股票需求量,都会严重影响报价。供求到底谁大于谁可能完全是偶然的、暂时的,但是对股市的严峻走势却有着重要的意义,在股价变动的特定时间内任何人都不能道出其中的奥妙。

罐头食品股价的上升

就像大海一样，股市从来都不是风平浪静的。除了成因神秘而难以了解的涟漪外，还有其他比涟漪更持久的波动，研究这些波动的原因，似乎更有利可图。在1930年2月4日至14日这11天中，很多工业股的平均股价从最低点到最高点的波动，还不足2美元，但在同一时期罐头食品股价却相反，增长了13美元。如果证券交易者能够把握住这一市场动态的一半的机会，并且每11天都做一个来回，那么他的投资将在短短的五个月中至少翻一番。这种计算对于那些在股市中精打细算的人的心理健康是非常有危害的，就像沉溺于毒品不能自拔一样，是另一种形式的瘾。

回顾这期间的财经新闻报道，从中找不到任何影响罐头食品股价的重要因素。但有趣的是，直到该股价达到最高点三天后，有关影响罐头股价因素的相关报道才出现。这则新闻是来自1929年的年度报告，给出的利润数据几乎和1929年牛市最高峰估计的数值一样高。这项调研表明，那些在利好的消息传来之前就已经购买罐头食品股票的证券交易者从中获得了不菲的利润。但是那些等到利好的消息公布后才买的人，也许要耐心地等上至少五个星期，才能获得微乎其微的利润。不论这个结论对交易者有没有帮助，但至少还是很有趣。

股市的"行家"未必总是正确的

有人可能会从这个简单的例子中得出这样的结论：那股市行家的信息对于证券交易者来说是无价的。根据1929年的记录，这条结论显然是不正确的。在那次大恐慌中，很多受害者都是来自公司的高层官员，他们不惜借钱买了大笔自己公司的股份，但到最后却遭受了巨大损失。

很多人一辈子的积蓄就是在那次大恐慌中损失殆尽。这种拥有较多资讯，能证明手中持股的确有价值的人，遭遇到的亏损反而比其他人多得多。

无法解释的上涨

与前面讨论的例子相比，鲁梅利公司的普通股在1929年的涨势令人惊心动魄，股价从1月份的50美元一路飙升到5月1日的104.875美元。在此前6年里，该公司在其普通股上根本没有表现出任何收益能力，也没有任何迹象表明，它会在1929年会有如此大的涨幅。正如几个月后揭露的那样，1929年该公司赚的钱比其前六年中的任意一年都多。这只股票在1929年的狂涨，也许应该归结为一个大胆炒作集团的杰作。这只股票只有13.75万股流通在外，非常适合炒作。如果不是炒作集团的成员和外围分子，交易者绝对想不到鲁梅利公司股价会上涨。即便交易者得知炒作的计划，恐怕他们也没有足够的信心来相信这一消息。

集团炒作

我们已经提到了集团炒作，这个集团大致可以分为两种。最常见的一种是护盘集团，其运营的目的是维持某一股票拥有稳定的市场，并非要盈利。如果行情没有任何显而易见的原因，就经常突然严重波动，会让证券交易者们胆战心惊的。持有某一公司的银行家、大股东和公司经理通常会雇用机灵的经纪人，组成操作集团，以防止股价的大起大落。在股票需求量大的时候，护盘集团可能抛出股票以把股价控制在一定范围内。同样，如果股票被大量抛售后就会引起股价重挫，他们就必须随时准备买进。通过这种买进和售出的运营方式，来维持一个有序的股票市场，也可以始终保证证券交易者以接近最终报价的价格买进或卖出股票。这种操作方式常是自给自足，而不是赚钱的工具。

著名的洛克岛操作集团

第二种集团的组成目的，就是以盈利为明确目标。如果某股票的当前市场价过低，而其他股票的行情走势很好，那么该操作集团就会大笔买进这一股票。当大量股份被买入后，市场上的浮动供给就会大大减少，再进一步购买就会迫使股价上升，这种价格的自身变动，吸引着投资公众的注意力。如果这只股票的股价被低估，自然会产生上涨的结果。尤其是在炒作集团尝试出货的时候，这种炒作行情偶尔会有利多的消息传来，以及一些有利于该公司的报道。本质上来讲，这种集团炒作与那些小证券商的意图没什么两样，他们都是希望通过购买市场价格低于实际价值的股票来谋取利润。相对于几百股的买入卖出量来说，购入几千股或出售囤积股份却不引起股价上扬，或者大跌显然是更加困难的，但这只是程度上的差别，而不是形式上的。在1926年早期，某集团把迪福雷诺公司的 A 股价格提升到 104.125 美元。但由于他们在抛售过程中没有成功，结果导致该股票的股价在 3 周内迅速跌至 40 美元，就这个集团雇佣的经纪人事务所也都在这次暴跌中蒙受了巨大的损失。几年前，有人在洛克岛上组成一个集团，由一位著名的投机者操盘，参与行动的邀请被广泛发布，甚至很多小交易商也成为该组织的成员。但是这次操作，最终以失败而告终。即便这些证券商通过股市行情可以推测有些公司在囤积大笔股票，但他也无法确定他购买的股票是不是一个好的选择。

业余证券交易者是如何交易的

之前提到的首次购买通用汽车股份的证券交易者，在最初买进股票后，不可能很快就懂得预见股市小幅波动的困难。但很快，他就不可避免地就能体会到投机的另一种难处。买完股票后的第二天早上，一走进办公室，他就有着一种想在49.25美元把它卖掉的冲动。他心里已经暗暗地在庆幸，这几天就能从1500~2000美元的投资中赚到100美元了。

接下来的一天，如果这位证券交易新手，有机会在他的经纪人那里比较一下买进和售出单据的话，他立刻会发现自己并没有赚到100美元的利润。因为在这100美元毛利中，他要扣除15美分/股的购买佣金和销售佣金，还有销售中的4美分/股的转让税。在这100股股票交易中，合计费用是34美元。因而每100股的净利润是66美元，而不是100美元。同理，如果股价下跌1美元，那他的损失也就不止100美元了，因为尽管他没有赚到钱但他依然要照常支付经纪人佣金和股票的转让税，这样算下来，他的净损失额将会是134美元。如果我们看得更远一点很容易发现，那些自以为有能力赚取1美元，并且想把他们的损失控制在1美元的证券交易者中，他们只有在三次交易中必须有两次是正确的才能达到收支平衡额，这还不包含经纪人在客户借方余额中收取的利息。由于股价在1~2美元间波动，都有可能是数千种难以预测的因素造成的，因而在这种波动中进行股票交易就是一种赌博，没有人能在这种几乎是以2：1的困境中赚到钱。

10美元的上涨需要时间

投机者想获得的利润越大，他需要支付的经纪人佣金、交易税和利息所带来的不利影响就越小。如果每股上涨10美元，交易者在100次交易中有52次是正确的才能保本。那么他能够准确预料增长10美元的概率又有多大呢？1美元的波动就好比股市中的涟漪，涟漪的出现可能是大量无法预知的因素造成的。10美元的波动可以比作是股市的大浪，波浪的出现都是一些强劲力量引起的，因而相应的比较容易预测，但这也并不意味着预见这种程度的波动是容易的。就在我写下这段文字的前一天，股票市场相对稳定。出现在收报机纸带上的631只股票中，有

429 只股票上涨，79 只股票持平，123 只股票下跌。如果再细致地分析，就会发现其中有 80 只股票上涨了 2~8 美元。如果是随机选择一股，交易者都会有超过 1/8 的机会能选到那些当天上涨很多的股票。但是接下来的一天，由于大多数股票大跌，他可能才会看到他获益的很大一部分已经不存在了，像证券交易者预测的那样，很少有股价能持续五天以上的发展。股市通常会朝着一个方向波动 3~4 天，然后向着相反的方向波动 1~2 天。今天走势强劲的一些股票，它们的强势地位可能在一两天之后被另一组股票取代。除非交易者运气特别好，否则在一星期内不太可能赚到 10 美元的利润。

大盘上涨

证券交易新手很快就会发现，股票的上涨或下降趋势通常会维持一段时间，尽管会有一些小规模趋势的干扰，但并不会影响总的走势。这种波动可以通过每天计算的主要股票平均价格得到反映。道琼斯指数和《华尔街日报》的出版商，多年来每天都汇编了 20 家铁路公司和 30 家（先前也是 20 家，再之前为 12 家）主要工业股的平均股价。道琼公司偶尔会更换指数的成分股，以便维持指数的代表性。虽然在某段时间里，整个市场价格可能朝着一个方向波动，有时其中某个工业股却可能有着完全不同的变化，或者它的价格运动被压缩到短短几个星期，然后在其余时间里静止不动。比如，以 1922 年为例，总的股市价格呈上升趋势，并在第二年 3 月份达到顶峰，但国家海湾钢铁公司股票的走势却正好与此相反。总的来说，可以确定该股票与总的股票价格上涨相一致。从 1921 年的 25 美元的低位上升到 1923 年的 104.625 美元的高位。然而，这 80 美元的增长中，有一半以上都是在 1922 年 1 月 21 日前的两周内出现的。在这期间，股票价格从平均 45.50 美元增长到了 90.50 美元，涨幅达 45 美元。

胆怯与固执

上述单个股票与总的股市走势变化不同的情况并不多见。如果证券交易者能够买到在一两周内上涨最多的股票，赚到利润，再转向购买下一只这样的股票，那么他就会找到很多人理想中的股票发财致富之路。证券交易者如何才能买到在一两周内涨幅最大的股票呢？恐怕只有万能的上帝指引才行，然而，这也正是无数证券交易者孜孜以求的事情。他们不耐烦地从这一股跳到那一股，刚在这里赚了点钱，又在那里赔了进去，长期以来他们除了要付给经纪人佣金外并没有什么优秀的表现。其实，这都是心理因素造成的。一般证券交易者比较胆怯，很害怕赚不到钱，所以根本没有坚持的勇气，所以一旦受到一点惊吓，赚到一点点小利就收场。另一方面，他的态度还很固执，并认为他买的所有股票至少能值他花的价钱。因而在股市下跌时，他会胆战心惊地继续持有自己的股票，然后到年底发现，自己虽然赚到的 5~10 美元的利润，但是却有 20~25 美元的损失，以及支付经纪人佣金、转让税和所得税的钱。

小人物的遭遇如何

华尔街被认为是股市精英的聚集地。在这种假设的启示下，证券交易新手可能会仔细思考下面这段取材于 1926 年 4 月 7 日的《纽约时报》报道，讨论一封证券交易所的权威部门给会员的信中可能有的深意，信中要其会员注意，他们已经制定条例禁止"股市交易公司与其他成员的雇员、银行雇员以及类似机构的雇员进行交易"。《纽约时报》指出："证券交易所根据金融圈流传的报告，发出这封信，起因是谣传若干公司的职员，在最近激烈的破产风潮中，发现自己身陷困境。这些报告说，华尔街上很多公司的职员和小雇员由于最近的股市下跌而彻底出局了。"

对未知的恐惧

每个熟悉华尔街和美国其他金融中心的人都知道,"职员和小雇员"只是在股市中赔钱人中的一部分。在银行高级职员、投资银行的合作伙伴,以及企业高级主管中,他们中的很多人都涉足股市,抢进抢出,某些交易会给他们带来一些小利润,但常伴左右的却是大的损失,而且经过几年后,他们亏掉了大部分辛苦工作赚来的钱。在1929年股市崩盘中受害者几乎遍布华尔街的各个阶层,相比之下,1926年的股市猛跌可谓是和风细雨了。前面我们已经提到,一般的交易者面对利益时的胆怯,和面对损失时的顽固,原因就是人的意识自我调整以改变对价值的看法的速度太缓慢。假如一个交易商在70美元时购进一只股票,此股票由先前的49美元上涨而来,如果根据他先前的经验继续下去,每上涨一点,都会有无法预知的风险。在股市中的任何犹豫都会导致他产生"二鸟在林,不如一鸟在手"的想法,并把这种想法付诸行动。如果他的大部分资金都是借来的,则更会如此。此外,为特定股支付70美元的事实让一般的交易商脑海中形成一个看法,这就代表了该股票的真正价值。尽管这只股票可能偏离其真实价格处在一个错误的水平线上,但一般的交易者都迟迟不能相信,这只股票已经不可能回到70美元的价位了。

股市赌博

投机商想通过短期买卖赚取利润,前述讨论或许已经足以显示主要的困难所在。从现实观点来看,交易者根本不可能预测价格波动的涟漪或波浪何时发生,想抓住这种波动的交易机会赚取可观差价,纯粹是一种赌博。

但令人吃惊的是,成千上万的社会精英们都在尝试通过这种方法赚钱。根据一个被大家普遍接受而来源颇有争议的数字来看，这些交易商中的90%~95%在股市中是赔钱的。但是根深蒂固的赌博思想，再加上人们坚定地认为在波动范围很广的市场中存在赚取利润的机会，不断把新人吸引到证券中。只是在他们中只有少数人能最终学会在股市中赚钱的方法。

第五章 投机大潮

任意挑出 20 只活跃股，把它们每天的收盘价加到一起再除以 20。每天这样做，坚持十几年，最后把这些数字绘制到一张图中，纵轴表示平均价格波动，横轴表示时间的长短。最好的做法是取道琼斯指数自 1897 年以来一直记录着的 20 家铁路公司和 30 家工业公司的股票价格的平均数。道琼斯指数先前是由 12 只股票组成，后来发展到 20 只，现在为 30 只。从其记录中，我们可以看到一些大幅上升与下降的曲线，我们把这些曲线称为投机潮汐。这种上升变化在华尔街中被称为牛市，通常会持续 18~24 个月；相反，下降变化被称为熊市，通常会持续 12~21 个月。中间偶尔也会有至多 4 年的间段，在这个时间段内，市场会在很狭窄的范围内漫无目地波动。但总的来说，股价较长时间的涨盘后，接着较长时间的跌盘这一规律还是很明显的。

《圣经》中的经济周期

所有教会的孩子都知道约瑟夫的动人故事，约瑟夫被亲哥哥卖到埃及做奴隶。慢慢地，约瑟夫在埃及有了地位，成为埃及政府的统帅。他预见到要有灾荒，于是用 7 年的时间来建造粮仓，储存了 7 个大丰年生产剩下的优质粮食，并因此拯救了埃及人民。这些储存下来的剩余的粮食，帮助埃及人度过了 7 年的粮食短缺时期。根据《圣经》作者叙述的戏剧性故事，他还拯救了饱尝饥饿之苦的哥哥。从人类早期的记录中，我们获得了对现在所谓经济周期的认识。

由拳击得到的启示

大家对经济周期的解释已经有了很多。某著名经济学家甚至试图把经济从繁荣到衰落然后再复兴的过程，与太阳黑子的出现建立某种联系。关于经济周期循环发生的原因，有一个简单而有效的解释：当生活安逸时，多数人就会失去努力工作的优良作风。这就像拳击一样，几年的安逸生活下来，即使是重量级的拳王邓普斯，也很容易成为后起之秀滕尼的手下败将，因而，一个阶段的繁荣已经给自己埋下了萧条的种子。随着人们的惰性渐增，相对容易获得的钱都被用来挥霍。企业家忘记了他们创业时的艰辛，而盲目扩建工厂；还有其他的一些企业家，则开始缩短工作时间，多去打几场高尔夫球。1919 年和 1920 年真丝衬衫时代的繁荣后，接着便是 1921 年令人心痛的衰落，这样的情形在世界历史中一再发生。

美国的历史可以说是一部战争史，是一部总统与政治家的编年史，或者说是用牛车与铁路征服大陆的故事，或者是工业增长、银行发展和政治经济相互影响的历史。如果用后面这种方式写历史，那么每个学生都应该记住这样一些重要的年份，如 1814 年、1837 年、1857 年、1873 年、1884 年、1893 年、1907 年、1921 年和 1929 年，这些都是美国人经历大恐慌与大衰落的日子。

如上述年份所示，历史上著名的大萧条每 14～20 年出现一次，在这些阻碍进步的主要因素中还有一些小的经济衰退发生，相比而言，这些小的繁荣与衰落的周期就会缩短。

布赖恩是如何失败的

影响"总体经济"状况的因素有很多。那些战前抱怨"生活费用高昂"的人,从来没有听说过发现用氰化物萃取低质金矿的那两位科学家的名字。然而,他们的发现在1896年结束了商品价格连续20年下跌的历史,稳固地制定了面向布赖恩主义的黄金标准,并且使物价开始长期上涨。人类文明发展之网就像毛线纵横交错的织物,没有哪个地方的结点能强大到感觉不出其他任何一个结点变弱。印度人不正遭受着经济萧条吗?那么英国兰开夏郡棉花厂必然减少生产。美国棉农要低价出售他们的棉花,肥料生产商也随之遭殃。阿根廷粮食大丰收可能会给全球带来影响。就像1914年发现的情形一样,在巴尔干半岛上一个不知名的地方,一次暗杀行动几乎摧毁了金融市场。一些行业被摧毁了,而远隔千里又有一些新的行业建立起来了;新的贸易路线被开辟,很多旧的贸易途径被关闭,全球的收支平衡被打乱,也为堪萨斯麦场形成了新的土地价值标准。

例外情况

当整体经济繁荣或衰退时,并不意味着所有的个体企业或者所有的行业都处于同样的情形中,形势可能会因行业类型的不同而不同。流行时尚的改变,使条纹棉布生产商陷入困境,但同时间内,人造纤维生产商则正在加班加点生产,以满足顾客对其产品的需求。糖料作物的短缺会造成糖价的上涨,这给制糖商带来巨额的利润,而其他行业可能普遍处在艰难的环境中。在大萧条初期的1930年第二个季度,一家从事管道生产的钢铁厂却得到了天然气运输管道建造商发来的大笔订单,而该厂附近生产汽车零部件的钢铁厂的开工率却微不足道。与此同时,电冰箱的生产商正享受着他们历史上生意最为兴隆的三个月;而无线设备生产商却为了生存而面临严峻的考验。这是繁荣与衰落并存的典型例子，大多数的工业都会一起经历大致相同的繁荣与衰落。

著名的经济周期

回顾过去几年，如果重新研究一下历史上包括 1907 年大恐慌最严重时期在内的经济周期，就会发现一些有趣的事情，可能这一经济周期没有 1927~1930 年那样的惊心动魄，但我们可以从更好的方面去分析这一特殊的经济周期。总的来说，20 世纪初是一段繁荣的岁月。1901 年 5 月北太平洋铁路公司产生了股市恐慌；随后在 1903 年，又出现了号称是"有钱人恐慌"的熊市，但是整个股市依然保持活跃并进入了 1907 年。在此期间，美国农民种植了大批作物并卖出了一个好价钱。在以美国钢铁公司成立为标志的工业合并过程中，发生了一件重大的事件。在哈里曼和希尔两位铁路巨子的带领下，美国铁路建设依然势头强劲，铁路架设里程也与日俱增。直到 1906 年 11 月底，希尔庄严地宣布美国还急需 11.5 万英里的新铁路。然而，在接下来的 21 年中，实际上铁路长度只增加了 2.5 万英里，就已经完全能满足美国对交通的需求了。农业、工业与铁路的繁荣，自然地带动了银行利润的增加。按照今天的标准来算，20 世纪初的几年里，商业贷款利率还是低得很反常。

揭发丑闻日子

在政治上，20 世纪初的政坛是平静的。1896 年布赖恩竞选失败后，繁荣时期出现，这次繁荣有力地抑制了持续多年的激进主义。1900 年麦金莱以压倒性的优势再次当选美国总统，在他遇刺后，与华盛顿和林肯相媲美的西奥多·罗斯福当选总统，接过了政权。在 1904 年的总统大选中，他全票通过选举而连任总统。在他第二个任期中，政治不安的浪潮横扫了美国，当时推行的商业管理模式成为举国非议的焦点，检举揭发他人丑闻成为风尚。艾达·塔贝尔的《美孚石油公司史》和厄普顿·辛克莱的《莽莽蛮荒》曝光了企业经营的各种手法，引发公众对"工商集团"的敌意。对铁路部门向大货主私底下收取回扣的曝光更引发了群众的愤怒。在纽约，对阿姆斯特朗一案的调查过程揭露了著名人寿保险公司管理层的腐败现象，这更是为群众的愤怒火上浇油。

一个银行家的正确预言

1906 年初，商业和工业分外活跃，但政局形势依旧不稳，公众普遍对美国商业领导人抱有敌对情绪。货币市场也开始出现紧张的迹象。之前四五年的超低价已经不见了，国家铁路建设和其他形式固定资产的建设消耗了流动资产，迫使利率上升。1906 年 1 月，由股市交易中心担保，根据需要抵押和偿还的贷给经纪人的活期借款，利率开价高达 60%。当谈到该如何使不定期借款的资金回笼和改革货币政策时，著名银行家雅各布·席福在一次公开演讲上谈道："除非货币制度改革，否则迟早会出现灾难，与之相比，前几次恐慌真是微不足道。"没有人去关心这样的警告，也没有人关心其他一些警告，经济依然以疯狂的速度发展。除了前 3 年建成的 1.35 万英里铁路之后，美国铁路系统在这一年又增加了 5400 英里铁路。同时，生铁产量再创新高，企业破产率也达到了自 1881 年以来的最低点。1906 年国际贸易金额达到了历史新高，据银行统计，国内交易额达到了历史上的第二高度。粮食大丰收，并且卖出了好价钱。

尽管 1906 年商业繁荣，公众对商业利润的敌意还是以不同形式表现了出来。美国国会通过了《赫伯恩铁路价位法》，赋予州际贸易委员会调整利率的权力。同时还制定了《肉类检验和食品卫生法》。在今天看来出台这些法律是最平常不过了，但是在当时却被认为是激进行为。在纽约，公共服务委员会制定了一条降低燃气费率的法令。在芝加哥，法庭判决否认火车客运公司的垄断，这挫伤了人们的信心。政府依据沉睡已久的《谢尔曼反垄断法案》，对美国烟草公司、美孚石油公司以及食品包装生产业在内的商业巨头的诉讼取得了进展。

旧金山灾难

对于美国的某个大城市来讲，1906年是永生难忘的。这一年的4月18日旧金山几乎被地震和火灾摧毁，财产损失达3.5亿美元。这笔损失必定会带来深远的影响，但这些影响并不是立马显现出来。这时，在财政部的人为刺激下，美国大批进口黄金，这大大缓解了金融市场的压力。政府同时还发放了3000万的巴拿马运河贷款公债。在什么数字都变得庞大的今天，看到当时报纸上的报道财政部长表示："要用一切办法协助销售这种债券。"似乎看起来有些奇怪。到了10月份，包括英国银行在内的几家欧洲主要银行，通过提高贴现率来阻止黄金外流。货币市场的情势究竟如何，从10月份的商业票据——商业和制造业发行而透过票券公司卖给银行的短期票据——利率看得很清楚，由上一年的4.5%~5%上升为6%~6.5%。

整个1906年内，商品价格都在上涨，这种增长一直延续到1907年7月。银行结算清单显示的贸易量在恐慌之年来临前依然表现得很活跃，并在3月份达到顶峰，随后开始逐渐衰退，直到1906年12月，铁路的毛利润虽然每月都比上月有所增加，并在4月份增长达到顶峰。然而，金融情况依旧不容乐观。铁路部门的资助并没有使金融上的不景气状况有所好转。这一年的1月和2月份，仅纽约证券交易中心和宾夕法尼亚州就卖出了总价值1.1亿美元的3年期债券，并且其他铁路部门也都开始尝试着大规模的财务运作。后来大家才知道，在紧张的金融形势和对铁路有敌视情绪的行情下，公众拒绝购买股票，负责销售的银行手上积压了一大部分这类的债券。1907年，大多数美国南部和西部的州都忙于通过立法来限定铁路股价，南部铁路局总裁芬利因违反这种法律规定而被逮捕。阿肯色州打算没收洛克岛的财产；明尼苏达州也开始控告美国西北铁路网和圣保罗；密苏里州开始着手解决众所周知的密苏里太平洋，瓦伯西和铁矿山的收购问题。与此同时，公平交易委员会忙于调查哈里曼铁路公司，罗斯福总统把哈里曼称为"不受欢迎的公民"。

货币市场的银根更加紧缩，公众对铁路股票价值的信心下降，这预示着一场金融风暴即将到来。同年6月，因为大批债券无法出售，而使许多债券财团解散。同一个月内，纽约市政府试图销售2900万美元的债券，但最终没能成功。两个月后，波士顿市政府打算出售390万美元债券，但结果只售出了20万美元。在此期间，政坛形势也没有改观，公众对铁路部门的抨击依然俯拾即是，总统继续鼓吹严厉措施，美孚石油公司也被处以2900万美元的罚款。出乎意料的是，粮食生产的前景一点也不光明，美国黄金也开始流向国外。在这个夏天快结束的时候，商品价格开始大幅下降，尤其是铜价。

历史性的市场大崩溃

灾难在10月份爆发。标志性的事件是尼克勃克信托公司倒闭。尼克勃克信托公司是纽约最著名的一家金融机构，不久前的它的每股股价还高达1000美元，如今却只能进行破产清算。很多银行成为挤兑的受害者，多家规模较小的纽约银行因此倒闭。银行一度不再对外办理贷款业务，并且活期贷款的利率高达125%。即便如此，也只有一些信誉度极高的商业人士，才能借到其预期金额的16%。纽约，还有其他许多城市不得不靠着票据交换所发行债券的方式来弥补现金不足的问题。众多企业破产后，接着是纽约和美国内地其他几家银行以及纽约的股票交易所的破产，紧接着又是大批的商业公司破产。其中最著名的就是西屋电气公司的破产，紧接着商业交易顿时进入瘫痪状态。10月份，除纽约外（把纽约排除在外目的是为了消除股市活动的影响，从而更真实地反映工商业情况）的所有银行结算情况依然高于1905年前的水平。大恐慌的影响是立竿见影的，11月份，银行结算显示结算金额下降

17.6%，12月份下降了19.8%。

大恐慌之后必然就是大萧条。工厂纷纷倒闭、贸易进入低谷、人口移入变成了人口移出、破产现象比比皆是。商品价格持续下跌，一直到1908年，并在该年6月份达到了最低谷。根据外部银行结算显示，直到11月交易额才比上一年11月有所增加。对于铁路部门的毛利润来讲，这种增加在12月份才出现。生铁的月产量在1907年10月才达到一个高峰，直到1908年6月，生铁生产率依然不足高峰期生产率的一半，但是从那以后开始进入稳步复苏阶段。经历了大恐慌后，紧张的金融汇率开始有所缓解，随着闲置资金开始增加，企业活动持续低迷，利率也降到偏低水准。之后，随着1909年经济的逐步复苏，货币利率开始有所提高。根据上述各种指标来衡量，这种复苏大约在1909年年底达到了高峰。与1906~1907年间的动荡形势相比，1909年的繁荣景象是比较平静的。

股市与大恐慌

上述经济循环的过程对于那些年过半百的企业人士来说，应该是记忆犹新的。现在我们再去探索与其相伴的股票市场周期（见图5-1）。在1906年1月，20家活跃的铁路股票的道琼斯指数达到了历史新高。此后开始下降，在同年5月份，达到该年的最低点，比高峰期降低了18美元。由于旧金山灾害所造成的巨大损失，以及要求保险公司出售大部分有价证券以偿还总值超过2亿美元以上的赔款，因此人们预料到股市将会有更大的下跌。相反，股市不仅没有下跌反而有所反弹，几乎到了其最高峰时期的水平，并且一直持续到12月份。当月，铁路股平均股指高达137.56美元，接近11月份，接着就是股市暴跌，并在3月25日降到98.27美元。在此必须指出，当时的经济发展依然很景气。4月份铁路指数微弱反弹，接着市场开始沉闷在一个小范围内波动，这种情况一直持续到10月份。然后，市场终于垮掉了，11月份铁路股平均数的最低点为 81.41 美元。这里可以清楚地看出，到目前为止的大部分跌势，都出现在经济还没有出现明显的衰退前。工业股平均股价也与铁路股价一样，都经受了巨大跌幅的冲击。20 世纪初，主要的投机活动都还集中在铁路股。

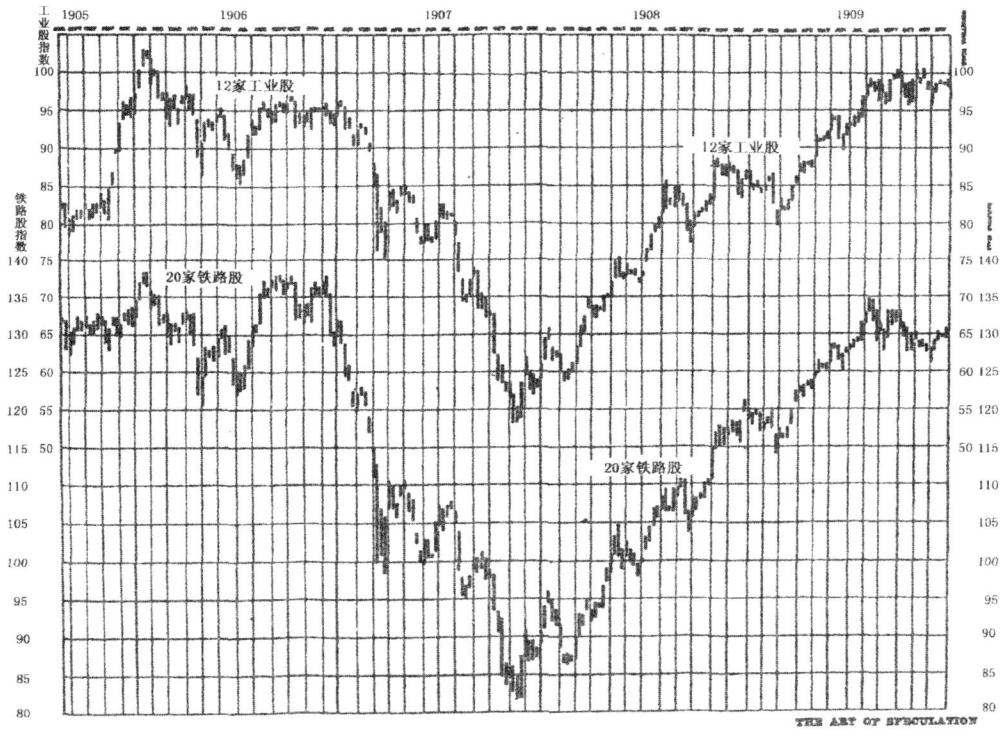

图 5-1　1907 年大恐慌

股价从 1907 年 11 月的低价水平稳步恢复，并在 1908 年全年和 1909 年大部分时间里以相当快的速度回升。这种增长过程没有受到任何外部干扰，一直涨到与铁路股最高价格相近的水平。1908～1909 年的牛市在 1909 年 8 月 14 日达到了顶峰，铁路股股指数平均为 134.46 美元，而 8 月工业股的平均股指为 99.26 美元，其在 11 月份又创新高达到了 100.53 美元。由于铁路股 11 月份要比 8 月份的最高股价少 4.5 美元，人们完全有理由认为8月份的牛市即将走到尽头。我们已经在1909年即将结束的时候，也看到了企业活动的封位，所以股市的转折要比商业转折早几个月。

很明显，通过比较我们知道，商业周期与股市周期两者之间有着紧密的联系。对于那些希望知道自己什么时候该买进、什么时候卖出的股票投机者而言，不幸的是，股市的变化既不会早于商业转折几个月发生，比如1906年；也没有紧跟着商业转折而出现，比如1929年。即便是那些专业的观察家，也可能会被这种现象所蒙骗。因此经济的一般状况不能作为预测股价走势的依据，除非是由明显矛盾的立场来运用，换言之，经济大繁荣是卖出股票的好时机，经济大萧条是买进股票的好时机。在过去的20年，已经形成了大量基于某种商业经营指数来预测股市总体走势的方法，这个主题涵盖的内容很大，仅这个话题就足够我们写一章了。

通过研究股市大盘，我们可以清楚地发现，那些可以准确地预测大盘走势的证券交易者，都能从中获得高额的利润，预测的准确性越高，利润也就越高。我们假设从1904年开始，有一个投资者用足够的资金一次性购买20家铁路股，每家都买了10股。我们再假设，如果从那天起，这位投资者每次都可以准确预知到股票指数超过平均价25美元的波动，只是每一次的动作都慢了点，以至于他每次的预测都会以10美元之差错过最高和最低价；我们继续假设，这位投资者在熊市期间把他的钱存在银行；最后再让我们假设，他在1912年开始，转而投资工业股而不是铁路股。

1903年9月，熊市达到了最低谷，当时的铁路股平均价格仅为88.80美元。到1904年1月份，假设这位证券交易者认为牛市即将出现。按照我们先前的假设，他当初用19760美元，从20家铁路股每家都买10股。1906年4月，当行情从高峰价格下跌10美元后，他将这些股票全部抛售，得到25672美元。接下来，他退出了股票市场，直到1908年才又重新进入，当时他手中的钱足够在铁路股平均指数为91.41

美元时购买 14 股，这样他还剩下 77 美元。这些股票到 1910 年 1 月以 124.46 美元的价格全部售出，收入 36848 美元，最后，总的现金余额为 36925 美元。他将这些现金全部存在银行一直到 1915 年。在这期间，股票市场价格波动程度相对较小。

神秘交易

1914 年，纽约股市交易所重新开盘，工业股平均指数的最低点是 53.17 美元。根据我们的假设，那个假想的证券交易者会购买 20 家工业，每一家都购买 29 股，并且这 20 家工业股都处在平均水平上，他要花去 36639 美元，还剩 209 美元存在银行。我们必须承认，我们的假设有些违背了事实，因为直到第二年在道琼斯上市的工业公司才从 12 家发展到 20 家。但是，针对这种情况做细腻的调整似乎没有必要，不仅计算程序变得复杂，而且对于最后结果也没有什么显著影响。第一次世界大战后的牛市在 1916 年 11 月达到顶峰，工业股平均股指数为 110.15 美元。根据我们的假设，如果这个投资者的股票在接下来的月份里以 100.15 美元的价格卖掉，他将会收入 58087 美元，加上之前剩下的 209 美元，银行存款余额变为 58296 美元，接下来存入银行 13 个月。

熊市在 1917 年 12 月到达了最低谷，工业股平均股指为 65.95 美元。接下来的一个月，这个证券交易者将会从这 20 家工业股中每家购买 38 股，此时银行存款剩下 574 美元。之后他会一直保留这些股票，经历 1918 年的缓慢上扬和 1919 年的暴涨，后者在 11 月份达到顶峰为 119.62 美元。根据我们的假设，该证券交易者应该在几天内以 109.62 美元的价格将手中的股票卖出，这样他银行中的存款是 83885 美元。此刻我们可以假设这个虚构的人物死去了，然后把这一小笔财产留给他的继承人。那么他的继承人会对他的预见力所带来的财富感到满意吗？

投资者与交易者的区别

如果1904年1月将19760美元以6%的年利率进行投资，每季度复利计算，将利息加到本金中，那么这笔投资截至1919年11月，总资金将会累积到50901美元。但有一个实际问题就是，在这期间的大部分时间里，获得6%的年利率是根本不可能的。因此，通过这16年间的投资和长期投机结果相比较，显然投资更具有虚假的优势。这种优势由于不需要像计算每股股息和银行存款利息那样计算投机结果而被放大了。请注意，我们之所以选择道琼斯工业指数成分股作为对象，主要是因为它们是投机客的最爱，而这些股票绝大部分都分派股利。如果这个假想的交易商在他的资本中将股利和2%的银行利率算到他银行资金的账单上，那结果就会远大于仅通过股价上涨赚到的83885美元了。

在我们的假设中，这个交易商到底需要有多少预见力呢？这并不需要他去决定选择哪种股票，只需要他能够预知出这16年股市会发生什么变化，还需要他在这16年中8次将这种认知付诸购买股票的行动。很显然，比起每天都要做出新决策且要想赚钱就必须达到75%的正确率的短线操作的交易者，在16年中8次做出正确决定要容易得多。而且，假想交易者的长期投机并不需要像普通投机者那样每天耗费时间和精力在股市上。

第六章　预测股市主要波动

那些可以准确预测股市风波的人能从中赚取多少利润，只需用小学的算术知识就可以算出来。接下来的问题就出现了，这种预测到底有多准确呢？要回答这个问题，只泛泛地说在"经济不景气时买股票，再在经济繁荣时卖掉"是远远不够的。历史是不会一成不变地重复出现的。如今的大萧条在很多方面与1921年的不同，接下来的一次大萧条也绝不是这次的重演。

无论是在形式还是在强度上，繁荣时期的经济表现都不尽相同。1905年经济开始繁荣，并持续了好几年。如果投机者在1905年夏季卖掉手中的股票，那么接下来他们将感到极度懊悔，因为之后的股价连续上涨了6个月，并最终维持了10个月的高价水平。1928年夏天出现了创纪录的繁荣，但是那些谨慎的证券交易者却抛掉了他们手中的股票，从而错过了美国历史上最大的牛市。

未发生的萧条

现在让我们参看下最近的股市周期，除了上述常用的规则之外，没有大环境指导的长线投机者在1923年进展如何呢？1923年早春，与前两年的糟糕情况相比，总的来说经济还是比较繁荣的，在那时出售股票的证券交易者肯定会赚到钱。但是如果他在那之后就一直等着萧条的经济出现之后，才买股票，那么他就会错过1925年的整个大牛市。对只靠大环境作为指导的长线投机者来说，1923年夏秋两季的经济不景气并不是暗示其去购买股票。很明显，能够找到预测股市重要变动趋势的好方法是至关重要的。

道氏股价理论

查尔斯·亨利·道是《华尔街日报》和道琼斯指数的创始人，他是经济趋势预测方法的先驱倡导者之一，这套方法后来也被运用到对股市行情的预测上。道先生过世后，原《华尔街日报》编辑威廉·汉密尔顿先生大力发展了他的理论，每个关心投机的证券交易者都曾拜读过他的《股市晴雨表》一书。此处只准备简单介绍道氏理论的概念，如果读者想了解这一套理论，请参考汉密尔顿的著作。

大多有经验的证券交易者都熟知这样一条理论。其主要思想是，在相当长的一段时期内，股票的小范围波动意味着资本积累和利润分配。股价波动一旦超出这个范围，通常就预示着会有大范围的震荡发生。这种波动可能是由那些不明智的炒作，也可能纯属意外。然而，总的来说股市实在是太大了，人为炒作很难带来显著的影响。个体或是小集团也许能在有利条件下，通过缜密的策划和设计，让某一股票在有利于自己的环境下上市，这样会影响该股票的价格波动。但是，若想通过这种操作来影响纽约股票交易所上市的数十亿证券，简直就是天方夜谭。关于商业和股市若干年内发展历程的研究，也无可置疑地显示，股市的大幅度波动并非偶然，它与经济进程的相关性极大。

熊市底线

除去人为炒作和偶然因素,那么显示股市总体变动的曲线就显得十分重要了。比如说,在经济不景气时,道琼斯指数或其他一些有代表性的平均指数,在一个相当长的时间里在较小范围内波动,那么它们为摆脱这种波动轨迹所采取的措施将会至关重要。然而,道氏股价理论的忠实拥护者会认为,只有得到铁路股指数的确认,或者铁路股指数的这种活动得到了工业股指数的确认,这种波动才会有意义。但从市场活动的角度来看,铁路股与工业股之间经常出现背离走势,所以从当前的市场活动角度来看,道氏理论在现代应用中,用公用事业股的平均指数替换铁路股指数的建议也并不为过。在1921年,我们发现了熊市底线的典型例子。从1919年11月开始,市场趋势大致就往下走,经过1920年,一直延伸到1921年下半年。到1921年夏天市场抛售达到顶峰。4月份铁路股指数创下67.86美元的低点,6月又创下65.52美元的新低,8月份又出现一个稍高的低点为69.87美元,在此期间最高点为75.38美元。工业股6月份跌至64.90美元,8月份继续下跌,跌到63.90美元。在这三个月中,最高点仅为73.51美元。经过18个月的股价下跌后,工业股和铁路股的平均成交量稳定在一个范围内波动。工业股率先采取措施打破低谷状况,在10月29日达到了73.93美元的高度,并在11月9日超过了75美元。11月下旬,铁路股价指数也向上攀升达到了76.66美元。这种上涨趋势逐渐将平均交易量带到1923年3月的一个高峰。在一个适当的回落后,1924年工业股又继续上涨,并在1926年冬天达到历史新高。

预测牛市

读者或许会说,这一切都是事后诸葛,但当时究竟有没有市场观察员根据上述数字，而预测到牛市即将出现呢？答案就在密尔顿先生发表在 1921 年 11 月 5 日的《巴伦周刊》上的一篇文章中，文章写道：

"人们要求我为股票市场晴雨表的预测价值提供证据。在第一次世界大战通货膨胀后遗症的影响下，欧洲金融体系陷入了瓦解状态，而这些因素影响着美国的经济发展，但股票市场的表现却仿佛好景在望。正如人们所说，熊市将在 1919 年 10 月底 11 月初到来，它的低点将在 1921 年 6 月 20 日出现，当时 20 家工业股销售额和 20 家铁路股销售额分别低至 62.90 美元和 65.52 美元。"

在一次牛市顶峰上，这位权威人士再度展现比上述例子中更困难的预测能力，在 1926 年 1 月 25 日的《巴伦周刊》的一篇重要评论中预测牛市顶峰奏效。文章中说：

"现在研究股票市场的走势，显然具有启发功效的。可能我们的结论有些尝试性，但是从 1923 年 10 月的牛市出现以后，这种结论却令人兴趣盎然。20 家工业股已经清晰地显示了两个主要峰点。在 1925 年 11 月 6 日，它们到达波动的顶峰及至有记录以来的最高点即为 159.39 美元。此后，又有一个较大程度的下跌，跌幅超过 11 美元，在 11 月 24 日跌至 148.18 美元。接下来的股市反弹到了 159.00 美元，但在 1 月 21 日又跌至 153.20 美元。

"如果 20 家铁路股的价格波动能够接近于这些工业股的市场表现，那它的意义就会至关重要，然而，事实上铁路股并没有像工业股那样下跌 11 美元。它们只是稍微下跌了一两美元，但股价还是在 1 月 7 日那天涨到了 113.12 美元。从那以后股价又下降了不到 5 美元，并在 1 月 21 日降到 108.26 美元。

"如果完全根据以前的经验判断的话，大牛市正得以继续。那么工业指数必须向上穿越 11 月的高点，铁路指数也必须突破 1 月 7 日的峰位。但是接下来的一系列反应，工业股已经有了两个重要的高价期，铁路股平均价恢复到接近 113.12 美元的水平，之后又出现下跌，这基本上可以说明长期的牛市已经走到了尽头。"

铁路股平均价恢复到接近 113.12 美元的水平后，随后的 2 月份发生了相应的下跌。接下来的一个月股市又陷入了严重下滑。

巴布森的 XY 曲线

罗杰·巴布森是现代商业与股市预测行业的最早倡导人之一，他在推广商业周期这一概念上，要比其他人做得更多。巴布森的商业状况图为成千上万的企业人士、银行家和投资者所熟悉。该图集合了银行结算统计、企业破产监管、闲置铁路货运车辆、贸易收支和许多其他数据于一身。该图上显示一系列黑色的波峰与波谷，以一条 XY 曲线分开，该线代表美国经济的增长和变化情况。此图和巴布森预测法都是建立在物理学定律——作用力与反作用力大小相等、方向相反的基础之上的，都被应用在商业和股市上。在巴布森图标上，线下的黑色区域表示衰落期，线上表示繁荣期。在一个相当长的时间里，衰落区域与繁荣区域面积应该相等。一段严重的衰落期会被一段非常繁荣期所抵消，同样，一段缓和的衰落期也会被相应缓和的繁荣期所抵消。若此假设成立，那么我们只需要确定什么时候衰落区面积和繁荣期面积的一半相等，就可以推测股市将要复苏了。任何循环的谷底应该也是买进股票的最佳时机。

不幸的选择

巴布森统计结构是根据什么绘制出 XY 曲线，他们从来没有向广大证券交易者做出满意的解释，有时他们会不耐烦地说 XY 曲线的方向是遵循作用与反作用理论画出来的。在第一次世界大战的通货膨胀期间，即便这种方法也根本无法使繁荣区域与萧条区域面积相等。从逻辑学角度上看，我们很难看出什么理由，认定作用与反作用的理论应该适用于经济现象。如果在人类活动中萧条与繁荣真的可以完全抵消，那么期待着繁荣到来的人肯定会热切期待，并热烈欢迎一个非同寻常的繁荣的到来。事实上，正是作用与反作用理论曾在1921年误导了巴布森统计机构，使他们错误地建议投机客户购买已经彻底抛售的公司和工业股票，换话句话说就是那些已经损失很多钱的公司的股票。与此相对的是，投资建议倾向于皮毛业和化肥业的股票，而忽略了连锁店的股票。最终这个结果很糟糕。

只谈巴布森的经历，却只字不提他在1929年9月5日（股市价格达到新高后的两天）的演讲是不公平的。"股市将要下跌，并且可能是严重的下跌"，巴布森先生说道。不过令人遗憾的是，在这句话前他还说："我仍然坚持我去年此时以及前年的这种说法。"那些在1929年9月听从建议而没买股票的客户，要比那些1927年听从建议购买股票的人，会非常庆幸自己没有遭受损失。

尽管巴布森统计机构有1921年的失败经历，但他们依然对低迷的工业股抱有很大的信心。他们在1928年7月3日的一份给客户的报告中提道："没有必要去购买那些炒得很火的高价股票，从长远的发展角度来看，应该去购买那些精心选择的股票，比如费城碳铁公司的股份。让股市慢慢平静吧，它已经开始下跌，以后还会继续下跌。"

从那天起费城碳铁公司的股票卖到了29.25美元。假设我们考虑上一周成交量最大的10只股票，或许可以把其中的5只价格最高的股票看成"高价热门股"的代表。分别从这5只股票中各买1股，可能就要花掉证券交易者787.13美元。14个月以后，同样的5只股票——通用汽车、蒙哥马利沃德百货公司、美国无线电公司、西尔斯·罗巴克公司和美国钢铁公司，考虑到股票分割和认股权因素，其价值可能会达到1512.25美元，而费城碳铁公司的股票股价则跌到23.75美元。

关注钢铁工业

在对股票行情进行研究的众多人士中，有关股票市场走势与经济现象之间的相关性，没谁能比克利夫兰信托公司副主席科隆内尔·莱昂纳德·阿耶更透彻。在阿耶的研究中，他发现了很多这样的关系。因为他住在钢铁城市中心，所以他很早就开始研究钢铁工业与股市循环之间的关系。当然，我们必须知道的就是，钢铁工业是美国所有工业的基础，钢铁产品用于架设和维修铁路、汽车制造和维修等。农民在生产生活方面也在使用钢铁；每个人都会时不时地乘坐钢铁制成的交通工具，走在钢铁架设的建筑上，或工作在钢铁铸造的机器上。因而，钢铁工业活动的变化就代表了整个工业活动的变化，其活动趋势是总的工业活动趋势的放大图。

炼钢炉指数

通过对钢铁工业的多年研究，克利夫兰信托公司的统计师们发现，炼钢炉的使用率和股票市场走势有着密切的关系。在经济繁荣时期，用于生产的炼钢炉数目也在上升，如果全国60%的炼钢炉都忙于生产钢铁，这就标志着股市上涨已达到高峰。相反，如果开工的炼钢炉数低于60%，这往往是购买钢铁公司股票的一个好时机。不过，炼钢炉指数绝对不是唯一可靠的，比如1901年和1904年，炼钢生产指数太早发出了出售股票的信号；但在1907年和1920年，它又为时过早地发出了购买股票的信号（见图6-1）。

炼钢炉指数在1929年的完美表现

奇怪的是，直到1929年大牛市即将结束的后期，人们依然很少知道这种炼钢炉理论，或许是它在1926年早些时候的糟糕表现，以及后来该理论创始人提出的质疑，都成为它被人们忽略的主要原因。此前一年，盲目拥护这个指标的人可能会在股市下跌前将手中股票全部出售，然后又在股市跌到最低点时接到购买的信息。炼钢炉指数在1926年3月预测出了股市将要下跌，虽然为时过早。1月1日，投入生产的炼钢炉占到所有可投入生产炼钢炉总数的60%，这种情况在这么多月以来还是首次发生。股票价格也随之上涨，并在接近6周以后，达到最高点。不幸的是，在出现这些最高点之前，炼钢炉的使用数量已经再度跌破60%的关卡，尽管跌幅只有1个百分点。很明显，就任何一种概略性的参考指标而言，显然不应该要求它的误差只有1个百分点左右。事实上，该指数后来又发生了一次严重的失灵，在3月1日高炉指数给出了股市下跌可以购买的信号，并且直到7月1日才又一次发出了购买信号，但事实上股市在那之前已经恢复到了2月份的高峰水平。

虽然1927年4月和5月炼钢炉数都超过60%，但是股市从1927年到1928年一直都保持牛市。假设增长率在60%~61%之间是非常重要的，这一假设无疑为炼钢炉指数增加了灵敏度，而这种灵敏度恰恰是该指数所缺少的。1927年四五月股市并没有大的下降趋势，相反，炼钢炉指数也并没发出在1928年6月和12月股市大幅下跌的警告。

直到1929年2月，该指数才发出明确的购买信号，由此可见那些完全依赖于炼钢炉指数的证券交易者会把手中的股票捂着，并错过一大半的牛市时间。不过话又说回来，任何以经济为基础的统计数据能比炼钢炉指数更早预测出牛市何时结束。

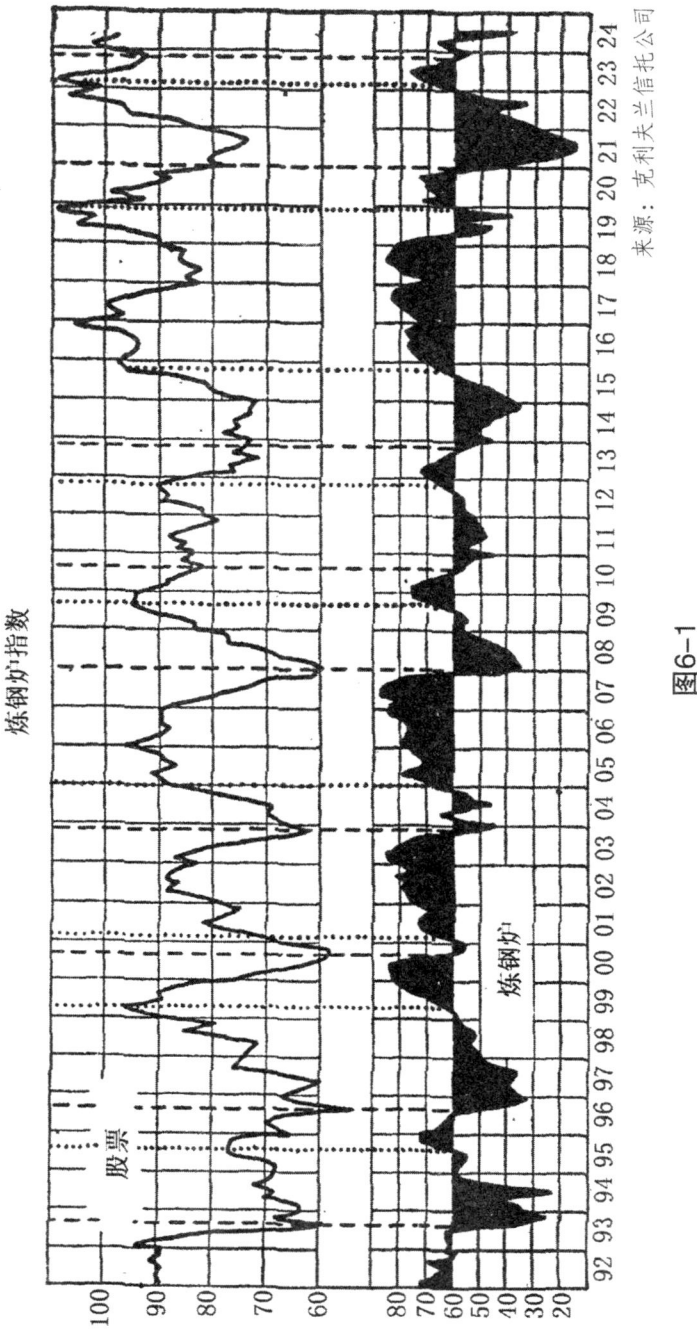

图6-1

炼钢炉指数的价值

很明显,单纯炼钢炉指数是不足以作为依据来指导如何在股市交易中赚钱的,必须将它与其他指数结合起来使用。当股市像道氏股价理论所分析的那样,或者像炼钢炉指数、总体经济状况以及其他一些指数所分析的那样,共同的结论就是,没有哪个证券商可以无视这些理论给出的建议。其中,炼钢炉指数尤其重要,因为每月初我们都可以得到该指数的数据。而且钢铁贸易期刊每个月都会准确刊出与炼钢炉活动相关的准确数字。

经济活动

我们已经注意到,在商业不景气的时候购买股票,在商业活跃时出售,这样一条概论不足以作为投机政策的战略依据。我们应该注意商业活动指数的存在,美国商务部、美联储、哈佛经济协会和标准统计公司都是汇编这些数据的著名机构。为了让这些数据发挥出最大价值,应该针对季节性变化和正常成长因素进行调整。如果为这些因素留有适当的余地,标准统计公司关于1929年5月和1930年3月工业产值的指数意味着,美国制造业产量要比正常标准高16%,而在后面这个月份则比这个正常水平低7%。处理这些指标具有很强的时效性,每周最好发表一次。《分析师》杂志最近开始公布一种每周商业活动指数,这对于研究股票市场的人来说,是十分有用的。

预测商业指数价值

过去,人们认为股票市场的活动会预示经济活动的情况是一条真理。例如,1919年11月股票到达顶峰转而又下跌的时间比经济活动达到高峰期提前了 4 个月。在过去的 10 年里，股票市场似乎失去了它作为经济活动预报员的角色；反而经济活动成了股市活动的预报员。1929 年，反映经济活动领先指标在 5 月、6 月和 7 月连续创峰位，而事实并没有像过去预计的那样，对股票市场产生影响。1929 年 9 月 23 日那天，随着股票的暴跌，标准统计公司的"贸易与债券服务机构"说道："对于那些真正具有价值的股票来说，这只不过是偶然的技术性下挫罢了。总的来说，经济状况还是十分令人满意的。"

股息收入

在完全不同的关注方向上，阿耶已经发现了关于股票价格和股息之间一些有趣的关系。用计算道琼斯工业平均指数的所有股票的总价除以支付股利总额，我们就会得到一个指数，它实际上就是平均收益。在牛市时，卖掉股票就会赚到小额资本回报；在熊市时，卖掉股票就会赔掉大额资本回报。在过去的 30 年里，只有一次牛市的指数没有超过 20 美元，而所有的熊市中该指数都低于 17 美元。那么根据这一事实，我们就可以为其发展趋势设定最小极限。

有趣的是，当你看到这条"倍数曲线"图标——总股价等于总股息的好多倍——看起来与反映股价平均指数本身的图有很大的不同。1906 年，倍数曲线达到了很多年以来的最高点，当时工业股股票售价为股利的 26 倍。以这种方式衡量，在 1919 年和 1925 年的牛市中，与只考虑道琼斯指数相比，26 的倍数并不算什么大事。就连 1926 年到 1929 年的牛市中，道琼斯指数图标上就好像珠穆朗玛峰放在阿尔卑斯山一样，当时的股息倍数也只不过是 30 倍左右。以前的纪录是被打破了，但并没有被超过很多。

菲斯尔指数

对于研究股市的新手来说，另一个很有价值的指标就是菲斯尔商品价格指数，它是由耶鲁大学教授欧文·菲斯尔提出。商品价格指数有很多种类，但菲斯尔指数可能是最好的，该指数的显著优点在于能够每周发布，因而该指数的发布像是有用的新闻而不是无用的历史记录。工业和贸易在商品市场价格上涨时赚的钱要比其下跌时赚的多。物价于1920年5月停止上涨，但在迅速上涨期间，几乎所有的企业都在此过程中获得了利润。另一方面，在接下来的20个月中，价格水平几乎下降了一半，这种暴跌几乎使整个产业瘫痪，只有那些特别幸运且管理完善的公司才赚到了钱。

价格波动是如何影响经济的

价格的过度增长与过量使用兴奋剂的后果一样糟糕，因而企业家并不希望他们的商品价格会大规模迅速增长。过去人们认为价格的适当增长趋势会为商业提供理想条件，正常贸易利润会随着货物价格的不断增长而有一点增加。在1929年夏天物价逐渐不正常下跌的情况下，美国的商业却取得了有史以来持续时间最长的繁荣。很明显，只有价格水平的剧烈变化才会影响商业贸易。商品价格暴跌的周期，通常比经济活动与股市下跌的周期还久，这就使商品指数失去了部分预测的意义。

可能有些读者看到这一点后会略感失望，因为我没能提出绝对可靠的规律，能让他们根据股市变动来获取资本回报金。但是假如真的有绝对可靠的方法来预测股市的主要波动，那么很可能股市就不会有大波动产生了。如果每个证券交易者花半个小时进行研究就可以知道股市将要下跌，那么将不会有人购买股票了。从过去到现在一直都是如此，既没有倾向于证券价格上涨的环境，也没有倾向于熊市产生的环境，人们更多讲到的是涨跌的平衡。

"勇敢指数"

前面已经大致介绍了商业活动与股票市场之间的复杂关系。至于如何将商业活动与投机相联系的统计学方法，在范·施特姆的杰作《预测股市走势》中有更详尽的介绍。所有这些或许能帮上点儿忙的方法，都存在着一个基本问题。股市反映着成千上万证券交易者的买卖活动，而他们的买卖仅有意无意地反映了交易本身的一部分。某段时间里，他们的希望和担忧要比钢铁产量、铁路运货量或是其他的一些商业情况更严重地影响股价。

1929年5月，著名经济学家保罗·克莱先生在美国统计协会的晚餐上提到，股市已经超越了所有基于经济统计数字和经济学基本原理做出的出售信号而持续上涨。他进一步指出，只要广大证券交易者有足够的勇气和财力去贷款购买股票，那么股票价格还会进一步上涨。克莱先生指出只有"勇敢指数"才能预示股市突破点，并且他相信这个突破点将会在劳动节前出现，这一生动的预测仅仅与实际相差一天。

诸多因素之间的平衡

投机不是件简单的事。一个业余证券交易者不能拿着几千美元的资本，一次花上15分钟，把投机当作副业，也不会比做其他事有更大的成功。与一般的交易相比，投机需要更广博的学识、更细致的观察和更合理的决策。纽约股票交易所的股价受到很多因素，比如法国政策、德国银行状况、中东战争和战争的谣言、中国金融市场、阿根廷小麦作物状况、墨西哥国会的态度，以及国内因素的影响。成功的投机者要仔细权衡这些影响，不考虑他们的支持与反对，得出成功的结论以平衡得失利益。能做到这一点也仅仅是一个开端。如果他认为这种平衡更倾向于价格上涨，那么他还要决定购买哪一种股票才会使利润最大化。

永远的股市波动

证券交易者在确定股市将朝某一方向发展后，不仅要对情形做出仔细分析，还要经常去关注它们的实际情况。牛市和熊市持续的时间通常都比较长，因而一旦大盘反转的高潮来临，一般证券交易者常常忘记了在股价接近高峰时，什么变动都有可能发生。牛市通常会在即将走向低谷的商业繁荣期后开始衰落，此时，很多企业家会制定发展计划，领导们谈笑风生，前景一片大好。在这种情况下，我们有理由出售股票，而且与尚未购买的股票相比较，在持股人眼里这些股票中的很多都已经贬值了。而当牛市出现时，这种情况就会完全相反。接着商业开始萧条，无数企业破产。之前那些热衷于谈论牛市、说服其朋友在牛市时入市的人，其神圣性也开始遭受朋友们的质疑了。

第七章 投机的生命线

贷款是投机的生命线，不贷款也可以投机，但如果贷款则可以扩大投机规模，如果用借来的钱投机成功的话，那么带来的利润会更大。因此金融市场的状况是投机操作的重要考量因素和背景，即使对那些不贷款的投机者也非常重要。

我们通过简单的数学运算，就可以证明借钱可以大大提高成功投机所带来的利润。假设某证券交易者以每股100美元的价钱买了100股某股票，其中他仅仅花了自己2000美元，其余的8000美元都是借来的。如果以125美元的单价将股票卖掉，不考虑佣金和利息的话，他将会赚到2500美元，或者说他的资本回报率是125%。如果他是一位有多少现金就买多少股票的人，那他手中的2000美元一次最多只能买20股，而这笔资本的回报率也就只有可怜的25%。

金字塔式交易

下面我们对上述的假设稍微改变一下，先假设购买的股票从100美元上涨到200美元，再假设该证券交易者在股价上涨的过程中，继续融资购买股票，以便使他的股本不会超过市场价的20%。根据这种假设，当股价涨到 125 美元时，他再买进 80 股，这样他手中的股票就达到 180 股，按当时市场价算，其总值为 22500 美元，他的欠款金额为 18000 美元。当股价涨到 150 美元时，他可以再贷 18000 美元买 120 股。这样他手中的股票数就达到了 300 股，总值 45000 美元，而他的欠款金额为 36000 美元。在股价涨到 175 美元时，他可以再贷 24500 美元买 140 股，于是他持有的股票价值增加到 77000 美元，这时他的欠款总额为 60500 美元。等股价最终涨到 200 美元时，他可以将手中总值 88000 美元的 440 股全部卖掉。还清贷款后，他还剩 27500 美元，资本回报率为 1275%。如果他贷款，每次都多买股息为 10% 的股票，那么他的资本回收率更会大得惊人。

当保证金业务员忙起来时

毫无疑问，这种金字塔式的购买过程在实际操作中永远都不可能达到上述那么好的效果。经纪人很乐意以 20% 的保证金与他们的客户做生意，但那并不意味着证券交易者可以在所有的股票下跌不足股本 20% 的波动中毫无风险，那将意味着他要保证 20% 以上的利润率。一旦股票的下跌率超过了股本的 20%，经纪人就会索要更高的保证金，否则他就会卖掉其客户的部分或者是全部股票以保全自己。经纪人必须这样做，对其他客户才算公平，因为这些客户是依赖经纪人充足的资金来保护其账户的。有经验的证券交易者会去选择那些坚持索要足够保证金的经纪人，而不是那些在保证金上比较大度的经纪人。

现在我们假设以金字塔式购买的证券交易者在股价上涨 15 美元，即涨到 150 美元时才开始购买，那么他的 300 股股票的总值就是 40500 美元，而不是 50000 美元。他的股本只有 4500 美元，如果他没有能力，也不愿意再拿出一笔现金，那么经纪人就要将其股份中的 150 股卖掉以保证股本不足借款额的 20%。这样稍大点的股价下跌就会让他蒙受巨大损失，这种现象经常发生在那些保证金交易商身上。他会在牛市时一直买股票，结果却在股市下跌或是标志着牛市结束的第一个股价暴跌中损失巨大。

银行剩余资金的出口

某些证券交易者不还贷款的事实，不足以成为反对信用交易在股市投机的理由。对于那些借贷适度的证券交易者来说，贷款依然是一种很有用的工具。为购买上市股票和债券，贷款也是银行、公司和富豪们的重要融资渠道。纽约银行界这种放贷经常高达70亿美元之多，这些钱一部分是属于银行自己的资金，一部分是代境内往来银行和其他人账户放出去的，从其他人账户发放贷款是一种新近发展出来的贷款形式。其他的贷方则主要包括公司、投资信托人以及一些拥有大笔闲置资金的富豪。这些贷款大多是以活期形式根据需要发放的，实际上因经纪人的需求不同，每天的贷款金额也不一样。比如，堪萨斯州的美国国家银行会把闲置资金转运到位于纽约的异地银行，当活期贷款放出去，然后从中收取3%~6%的资本回报，并且确保利息能一经通知，就能在24小时内到账。这种贷款不仅是闲置资金的一种流动形式，而且实际上也没有什么风险。1929年，经纪人的贷款经历了严峻的考验，但后来所有30亿美元的贷款都在几个星期内归还了，没有一笔延期，也没有受到一点损失。

贷款除了可以使投机者以相同的资本买到2~5倍数量的股票，由此为他们带来利润外，还可使他们获取另一种利润。譬如在萧条时期，某出售中的股票季股息率为8%，而银行贷款利率为5%，那么即便股票价格一分不涨，证券交易者也可以从中获取大笔资本回报金。假设该股出售价格为100美元，股利为8%，证券交易者以5%的利率向银行贷款7000美元来购买100股该股票，那么他的股利为每年800美元，从他的账单上扣除350美元的银行贷款利息，余下的就是他的净收入，收入额达450美元；或以3000美元为股本计算，其资本回报率为15%。

金融市场控制着股票市场吗

因为贷款利率和个别投机者获利能力之间存在显著的关系，于是相关研究者就得出这样一条理论：金融市场直接控制着股票市场。大家通常认为低贷款利率促进股价上涨，高贷款利率促使股价下降。研究这个主题的两位作者欧文斯和哈代在他们的著作《利息率和股票投机》中，把这种传统理论归纳为："短期利率波动是影响投机股价和股票成交量的主要原因"。这项研究的结论是："没有任何证据能够从任何意义上证明金融市场是带动股价上涨下跌的决定性因素。"

股票会如何发展

在投机者贷款购买股票所能得到的利润当中，有一种直接取决于投机者收到的股息和他需要为贷款支付的利息。我们有理由相信，投机者在追求这方面的利润时，绝对要看金融市场的状况而定。如果贷款利率涨到一定程度，证券交易者得到的股息要比他需要支付的贷款利息还少，那么显然他应从股市中退出。问题是这种形式的投机到底发展到了什么程度。很少有哪个证券交易者愿意以5%的利率去贷款，然后以面值价格购入股利率为8%的股票这种方式来赚取利润。除非证券交易者还相信股价有上升的可能性，否则他是不会去买股票的。相反，就像1929年夏天那样，成千上万的证券交易者相信股价会上升，即使贷款利息高达10%，他们也义无反顾地贷款投机。但当股利收益超过利息支出时，投机者对股票能支撑股价的信心比较坚强，利息支出超过收益时，投机者对自己的看法会失去信心。如果股票价格的上涨带来的收入不足以付清新一笔贷款的利息，或者是贷款利息上涨到超过股息收入时，证券交易者的信心就会被动摇。如果有迹象表明股市将要下跌，那么不明智的投机者就要考虑出售股票了。在最后的分析中，不明智的证券交易者出售其股票是与牛市的结束有着很大关系的。

是因果关系还是纯属巧合

利率波动到底会不会引起股价水平的波动？这个问题对经济理论学家有何意义，股票投机者并不关心。利率的波动到底会不会引起股价在不同水平上的波动，答案可能是否定的。或许金融市场不会"导致"债券价格的变动，但如果在过去有证据显示贷款利率的上升总是在股价下降之前发生，贷款利率下降又意味着股价的上涨，那么研究金融市场对于股票投机者来说就比较重要了。

季节性变化

现在我们有必要解释那两位专业的统计学家爱用的两个名词了，即"季节变化"和"长期趋势"。前者的意思不言自明，每个家庭妇女都熟知鲜鸡蛋的季节性变化，餐桌对鲜鸡蛋的需要是一成不变的，而母鸡不会在意人类在这方面的需求，随着季节的变化，它们的产蛋能力也会发生变化，因此，鸡蛋的价格也会随之发生变化。刚开始并不容易看出金融市场的季节性变化也是很自然的，然而，银行家们深知贷款利率常常在夏末秋初的时候上涨，并在每年的最后一个季度达到最高峰，然后在来年的1月份陡然下跌。因此企业家喜欢在那时还债以便尽量让他们的年度报表看起来体面一些。每年早春都会有季节性的上涨，并在3月份终止，接下来就是下跌，一直达到6月份的最低点。

联邦储备系统的影响

以前贷款利率的季节性变化比现在要明显得多。美国在建立联邦储备系统之前，美国货币体系完全没有弹性。美国货币包括黄金、辅币、根据黄金白银存量发行的票券、美元钞券——包含美钞和由某些政府公债加足担保的银行债券。只有在黄金被开采铸造以后贷款才可以扩大金额。根据法律条款规定，银行要保证最低的贷款储备，因而其信贷必然缺乏弹性。在那种体制下，每隔15~20年，银行就会暴露出用以扩展商业的贷款不足的问题，这为银行带来了恐慌，贷款利率也一点点被人们淡忘。如今现存的12个联邦储备区银行有权向它们的成员银行发行联邦储备钞票，这些银行必须将这些钞票作为抵押来向它们的客户允诺或承担政府债券。通过这种方式，银行提供了灵活的贷款方式来满足美国不稳定的商业需求。一旦经济过度繁荣，那么银行就会通过向借记银行增加再贴现率，从而在一定程度上停止这种过度的扩张。这不仅是通过增加成本制止投机贷款，对经济发展态势也有着显著作用。总而言之，由于我们的货币将会扩大发行并且和经济需要联动，理论上看，贷款利率不应该有季节变化，而实际上贷款利率仍然有季节性差异，幅度大约为1913年前这种变动的一半。

"长期趋势"是指不受季节因素影响的长期发展趋势。举个例子，将鸡蛋的产量按月汇编，其中的数据不仅显现出季节性的波动，而且还显示数年内，产量随着母鸡数量的增加、孵化和饲养水平的提高而逐渐增加。在绘制商业统计图时，我们要考虑季节性变化和长期趋势，以便表明事实的真正意义。当然也有很多未受影响的数据。在金融市场中不存在可以看见的长期趋势。

活期贷款利率

从表面上看，谈到投机者最开心的利率，他们立刻想到的是纽约股市经纪人活期贷款的利率了。但事实上，这种活期贷款的利率是一种很不稳定的利率，它随着不同的市场形势每天都在不断变化。大体而言，经纪人60~90天抵押贷款的利率仍然是金融市场状况的良好参数。而作为显示金融市场状况的最重要贷款的参数却不是这些利率，而是在60~90天内日趋成熟的主流交易贷款利率。生产商和商人的钞票在经纪人手中折价后再卖给银行，作为闲置资金来供应商业本票。出售钞票的利率反映了大笔金额的贷方成本和良好信誉。银行承兑汇票，即由信誉良好的银行开具并承兑的远期支付汇票，通常与该银行往来客户有关联，是一种流动性很强的短期投资方式，票据贴现率因而成为金融市场的另一个参考指标。可是就我们目前讨论的运用而言，商业本票利率可能最受重视。

相关性

现在我们应该弄清楚利率和股票价格到底有没有联系了。前文提到欧文斯和哈代在这个话题上已经做了详尽研究，他们的结论是"股票价格与利率之间的关系不是随机的"。通过运用一个被称为"皮尔逊相关法"的深奥数学概念，我们可以从统计学上衡量这两个波动指数的相关程度。如果它们的变动完全同步，该系数就是1；如果没有任何关系，该系数就为0。如果某时间数列与另一时间数列之间存在关联，但这种关联落后特定一段时间，相关性的高低也可以检定。他们发现了利率和股价存在着很小程度的相关性，如果利率落后股价9~12个月，就会出现一个大相关。简单地说，这意味着"利率的代表性的上涨后的6~9个月就会出现股票价格的下跌，反之则反是"。

当股价下跌之时

我们希望利用利率和股价高度相关的事实，找出某种最好的方法预测股市波动；就这方面来说，必须假设某一偶然关联将会很有帮助，而欧文斯和哈代却恰恰相反。贷款利率和债券价格之间的关系为众人所接受，我们以商业萧条为起点描绘出商业循环。商业大萧条之后往往随之而来的就是随着商业活动的滞缓和贷款需求的减少而导致的利率下降，股价在商业活动高峰之前一点或之后一点开始下跌。股价的下跌、商业活动的滞缓都大大打击了投资者和投机者的信心，而且他们中很多人的资金都缩水了。盲目乐观的企业家不得不卖掉手中的部分股票以便在紧缩的存货价值和潜在的债务损失面前保证他们的流动资金。那些沉迷牛市而滞留过久的投机客，大多已经被无情的市场淘汰出局了。

寻找廉价股的证券交易者

在这样的一个时机里，总会有一些携有流动资金的精明投机者，即便在商业发展步伐缓慢时，他们的资金依旧在一点点积累。持有资金的投资者和投机者现在发现他们可以购买稳定的投资、债券和高级股票，以便收取诱人的资本回报。随着债券价格和贷款利率的下降，利润的吸引力成倍增加。如果说当金融市场贷款利率为5%时，以100美元购入股利率为7%的股票，是一笔好买卖的话，那么在金融市场贷款利率为4.5%~5%时以90美元购买就更好了。因此，好的股票往往在经济萧条的初期就慢慢积聚力量并会在不久后终止萧条的状况。由于在股价低谷期就相信自己会盈利，证券商会首选最优级债券，也正是这个原因，债券价格才往往先于股票价格上涨。同样，投资股票在更多的投机股票发行后开始下跌。

不断增加的商业利润

在经济低迷期间，各行业利润达到最低甚至为零，购买债券的证券商刚开始不去考虑商业的利润和股息。他们关心的是像美国电话电报公司、通用电气和艾奇逊铁路局这样的公司有多大的可能会继续付股息。对这些股票的投资最终使它们停止了下降的走势，而且贷款利率的进一步下降使购买股票变得更加有吸引力。于是对那些密切观察股市行情的人来说，情况变得很明显，除了某些股票或联营股票偶尔会出现清算外，还没有任何大的迹象表明股价会跌下去。股市的稳定更激发了证券交易者的信心，不久后牛市出现。

接下来，经济开始复苏，某些行业的复苏时间比其他行业早一些。除了通过稳定股息可以赚到大笔钱的吸引力外，股息随着其商业利润的增加也在增加，这也同样有着很大的吸引力。某些领域的大公司月报表和季报表为那些主要城市金融区流传的关于"建设性"的股利政策的传言提供了根据，这些传言大多是由经纪人通过电报发出或是刊登在报纸金融版面上的。以前商业萧条期间公众普遍缺乏信心的状况，现在取而代之的是健康人的自然乐观。股市逐渐繁荣是经纪人最好的广告，新老客户为牛市所吸引，开始收获由股市繁荣带来的利润。

牛市自我毁灭

对于这种上涨本身进行的股票投机，最终会终止贷款利率下降的走势，这样牛市的基础就被破坏了。接下来的经济复苏使人们对金钱的需求量增加，贷款利率也就随之增长。金融市场现在已经不是促进证券价格上升的主要因素。随着经济繁荣，资本回报渐渐增多，股利上涨的希望得以实现，抵消了不断提高的投机成本。此外，证券价格突飞猛进的上涨势头已经获得了巨大的动力，需要强大的制动力量才能使其停下来。一般股市的某一波动时间会持续足够长的时间，以至于那些业余的投机者都忘了将会有相反的波动产生。贷款利率一定程度的上涨对牛市的终止是必要的。

最终，我们在前面一直描述的牛市达到了这样一个点位，此时出售股票获得的利润只有股价开始上涨时的一半或三分之二。考虑到实际股息和贷款利率，好像这只股票并不算便宜。那些渴望购买股票的证券交易者不会在接下来股利上涨的几个月里购买股票，并且很多时候也不会再去想未来十年它会有多繁荣。这里有两个陷阱，即使是对聪明的证券交易者也同样危险。

第一，证券交易者看到了某些财团发行的股票价格——比如，1916

年发战争财的股票，以及 1929 年的公用事业股票——已经远远超过了他们认为肯定会赚到钱的价格，以至于在股价下跌的前夕，他们可能还会动心去购买股票，殊不知这些股票已经不再适用正常的价值评估基准。

第二，由于股市缺少资助或是出于其他原因，这些股票的价格没有跟上整个股市的涨势，他们可能因此产生一种幻觉，以为直到他们赚到大钱股价才会停止上涨。

如果贷款利率随着商人和生产商对资金需求的增加而增加，那么通过贷款购买证券、投机股票所带来的收入就会迅速变得无利可图。很多情况下，企业家出售他们手中的债券以便得到更多的资金来做更大的生意，当然，精明的投机者也会将那些没有什么发展前景的股票卖掉。一旦这样，股市可能就会开始迅速下跌。就像投机者要在涨盘时以金字塔式购买一样，股市下跌时也要一点点出售。他们的利润空间随着价格的下降而耗尽，经纪人慢慢地把所有的股票都卖掉。被迫出售使股价继续下降，其他投机者的保证金利润也在继续减少。这个过程一直发展到股息刚好再次高于成本，接着那些准备好了现金来再次寻找廉价股的证券交易者就会将其买走。

证券价格的大范围波动可能会与贷款利率的适当波动一起发生，这并不会破坏两者之间存在相关性的理论。如果牛市发展足够长，带来的利润已经非常低，即便股票价格不会严重紧缩，那么股票也无利可图了。类似地，如果股价跌到足够低，即便货币市场高达 8% 的贷款利率只是略微走软，也会促成股市回升。

哈佛指数

股票价格和贷款利率关系图，足以清楚表明两者之间的关系。几年前，哈佛经济协会的经济学家和统计学家通过仔细研究这些数据发现，主要商业本票的利率依每月情况而做出适当调整，每月以平均 1.25% 的上涨率从某一低点上涨，这往往就是出售股票的大好时机。反之，从某一高峰开始每月以 1.25% 比率下跌就预示着购买股票的最好时机，这里我们得到了预测股市变动的重要规律。这个规律并不绝对可靠，也不会总是奏效，但是当与其他指数联系起来看时，就会成为重要的投机工具。

短期贷款和债券收益率

在货币市场的各种关系中，有一种关系看起来对股票市场有着重要意义，那就是短期贷款和高级债券收入间的关系。阿耶已经指出，在过去的 30 年中，当为期 90 天的抵押贷款利率比高级债券带来的收入低时，股票价格就会呈上涨趋势。反之，当利率高于高级债券带来的收入时，股票价格就会下降。图 7-1 可以清晰地表示此关系。当短期贷款利率低于债券收益率时，我们用实线表示股票价格；当短期贷款利率高于债券收益率时，用虚线表示股票价格。此图只针对 1928 年夏天的行情，图中表明 1928 年 1 月该"晴雨表"提前 18 个多月就发出了出售股票的信号。1930 年 3 月它发出了购买信号。

为何所有的晴雨表都失灵了

在 1929 年的牛市中，没有哪个基于商业活动或金融市场的统计学指数的表现让人满意，它们都过早发出了抛售股票的信息。与图表显示的购买价相比，那些盲从于这些指数的证券交易者将他们的股票全部卖掉会得到可观的利润，但是后来看到股价继续上涨，他们就会对自己的收入完全不满意了。

为什么所有的指数都失灵了呢？答案当然在于股票价格还要受无法预知的人的冲动所影响。大多数证券交易者都是乐观主义者，他们更倾向于购买股票而不是出售股票。长久的牛市不仅培育着投资公众的乐观情绪，也为他们提供了更多的可用资源。牛市获得的动力越大，终止牛市所需的时间就越长。

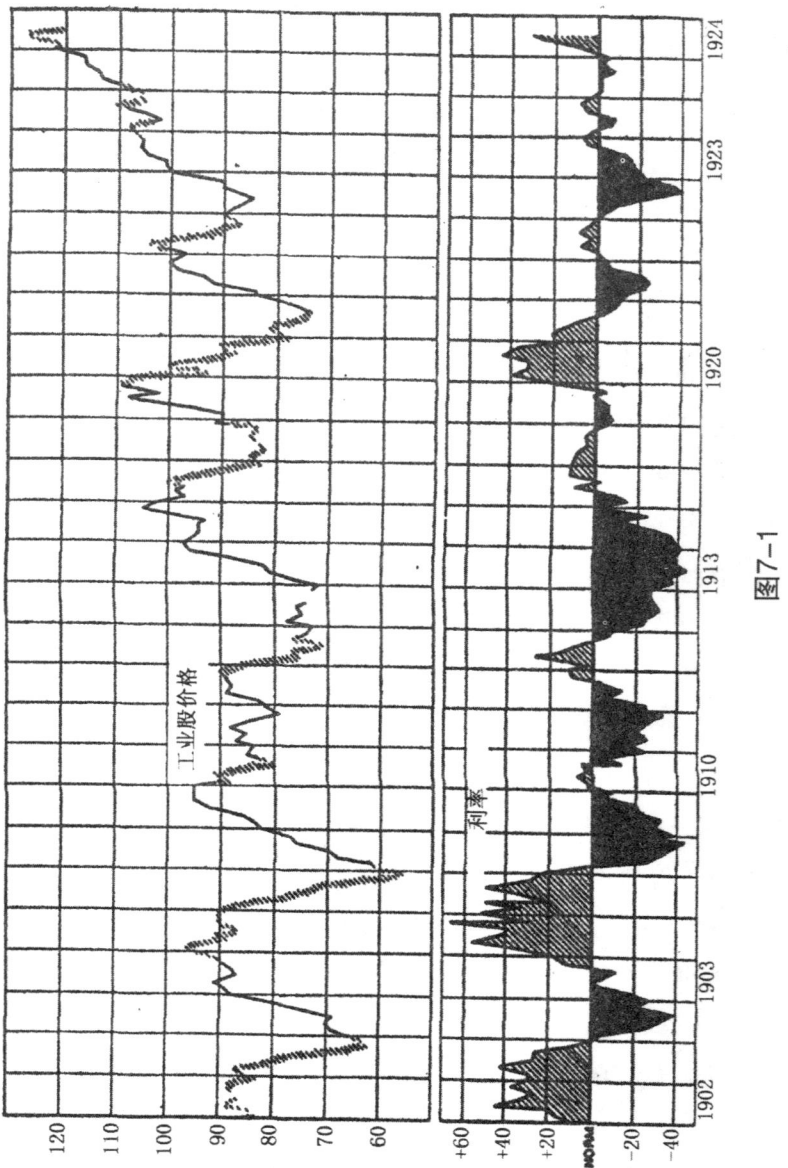

图7-1

就像金融市场所关心的那样，1929 年的牛市似乎好几个月以来一直与股市上涨建立在低贷款利率基础上的理论相冲突。然而我们注意到，1929 年牛市的辉煌出现在了美国历史上为期最长的低贷款利率之后。连续 6 年，纽约活期贷款利率从没超过 6%，这也成了银根松动的新纪录。利率没有破坏 1929 年牛市的另一个原因是，高利率并不代表资金缺乏。这在美国金融史上，还是第一次同时出现商业繁荣新纪录和股票市场新纪录。就这个现象来看，这些信用主要是来自其他人，也就是贷放不受金融主管当局控制的金主造成的。

通过贷款生存

通过仔细观察经济基本面的资料可以发现，即便有利可图，证券商有时候也会在标准商业指数发出警告后依旧捂着他们的股票不放。很明显牛市不会在纸上谈兵的经济学家和统计学家认为的时间上一点不差地停下来。除了每股可以稳稳当当地赚几美元外，牛市就像一个以"借钱"为生的八旬老人，他可能还有几个月的活头，但正在一点点地走向终结。

第八章　技术因素及经济基础

我们希望在前几章中证明，经济活动的等级，以及金融市场状况和股票价格的趋势之间存在着明确的联系，然而1929年夏天，可能会让多头交易者错误地认为旧的经济理论已经不再适用，而事实证明那些经过实践检验的理论仍具有效力。

对于那些希望轻松致富的乐观主义者来说实在是太可悲了！历史记录也显示，经济基础对于股票市场的影响是没有规律的。1923年，商业与股票价格的通货膨胀在一系列调整措施下得到了一定的缓解。6年后，银行当局的缓和措施几乎完全被忽略，火爆的牛市逐渐走向衰落。

综合预报员

如果不存在一个统计学指数可以准确无误地预计股市的走势，那么即使将它们组合到一起也是无济于事的。经过多年研究，统计学家找到了一些复合的指标来解决上述问题，其中为此付出最大努力的是纽约大学的威尔福德·金博士。作为这一领域的权威人士，金博士近期宣布了他完成的一个由44个统计指数综合而成的"综合预报员"。这个预测指数的数据记录可以追溯到过去三十年。

通过对金博士的综合预报员绩效进行研究，我们可以清楚发现，如果根据这个指标发出的信号买进和卖出道琼斯指数内的股票，那么他们的盈利将远远超出那些在1900年买进股票却没有卖出的投资者。这一结论只是强调了一个很明显的事实，即在熊市的最低谷买进主要的现行上市股票并在牛市达到最顶峰时卖掉，要比一直持有那些股票更能盈利。金博士在1929年1月发出了抛售的信号，因此它和诸如简单的炼钢炉指数的预测效果差不了多少。

惊人的上涨

一定要记住，证券交易者买进的是具体的某一股票，而不是平均股票。对于一个接受金博士预测结果的人，可以针对标准燃气电力公司股票的历史资料进行测试，他在1928年股指为64美元时买进其股票，然后又在1929年9月221.75美元时将股票出售，赚到了一大笔钱。如果这位幸运的证券交易者在1月而不是9月出售股票的话，那么股指将是82~99.875美元。他只能在来年的秋天在股市恐慌期中的10天内，再次购买比平均价位低的股票。

我们有很多讨论金博士预测的机会，所以完全可以这样认为，如果在这样一位著名的统计学家的艰辛努力下依然一无所获，那么想寻找称心如意的预测指标基本是不可能的了。即使这样的预测工具可以被开发出来，甚至被发表在每份美国报纸的金融专栏里，我们照样可以肯定，当它下次发出出售信号时，一般证券交易者都会说："这次一定又错了。"

如果经济学原理只能提供一个差强人意的预测股票市场走势的方法，我们还可以从哪里找到希望呢？我们能从经纪人耳熟能详的"市场的技术地位"中寻找到答案吗？这个短语真的能表明什么吗？还是只是那些经纪人向读者隐藏他们对未来市场走势的一句行话，或许他们也一无所知呢？对于这些问题，我们没有明确的答复，或许可以这样说,"技术地位"仍有着某些意义,可以为我们的问题提供另一部分的答案。

什么是"弱手",什么是"强手"

对于名词定义一丝不苟的人,恐怕对于在股票市场术语中常见的词感到气愤,那就是经常在股市报道中被提到的"强手"。"强手"到底指什么?乍一看,好像是在说某个作为两个银行以及很多工业项目的董事,拥有劳斯莱斯游艇,住在彭特大街公园的亨利公寓的施帕古·乔森先生,他要是购买了联合调味公司500股股票后,我们就说那些大宗股票传到了"强手"手中。从另一个角度说,威廉·史密斯,一个不是董事、没有社会地位、出身卑微的郊区居民,当他购买25股同样的股票后,人们可能就会认为股票到了"弱手"手中。这些假设并不一定正确。如果实际上施帕古·乔森先生是一位保证金交易商,史密斯先生是完全的现金购买人,那么后者无论名气大小,他才是一个真正的"强手"。

在下购买订单时,直接投资者并不会比保证金交易商有优势。事实上保证金交易商反而有更多的优势,因为保证金交易商一般希望其经纪人付更多的佣金,这样办公费用就会按比例减小。在持有股票方面,直接购买者有巨大的优势,无论其持有多少股份,没有人能从他的手中将这些股份夺走。如果他们高兴了,就可以将这些股票卖掉,这完全取决于持有者的意愿而非外界的利益。而保证金交易者则要受到股市的制约,一旦他们持有的股票价格紧缩那么几美元,保证金交易商必须给他的经纪人更多的佣金或者卖掉手中的部分股票。

高保证金所带来的危险性

我们现在可以确定地说,融资交易者才是"弱手",这与他们自有股本的多少无关。在 1929 年的恐慌中，那些拥有上百万资本的交易商基本被洗劫一空，但没有哪只股票的直接股东因为手中的股票而经受了任何损失。1929 年发生的荒唐事很多，其中一件是人们认为要求保证金比例达到 40% 才能构成财务状况的安全。随后人们会看到当股票价格一路下跌时，40% 的保证金就会自动为这种不断下跌的情况加上极限。当每个保证金的需求导致更多的清算时，其他账户的利益就会受到破坏。当大量这样的账户被取消时，恐慌就结束了。直接交易者，由于可以随自己的意愿支配股票买卖，就自然组成了"强手"。

现在我们可以定义什么是"技术地位"了，简而言之，它是强手手中股票与弱手手中股票之间的比值。当股票在强手手中的份额高得异乎寻常时，我们可以说市场处于强技术地位中。当股票由强手逐渐转移到保证金交易者的账户时，市场的技术地位就被削减了。

钢铁公司的股东

我们会被大量统计数据冲昏头脑，但我们毕竟有数据可用。对于股票市场的研究者来说这可能是笔财富，但我们无法得到那些显示利润以及直接股票持有者的翔实图表。最好的替代品是美国钢铁公司普通股的股东数目，以及经纪商名下持股的比率。这种数字从美国钢铁公司创立以来，就每季发布，像图 8-1 这样的图表每个季度都可以得到，并会在《华尔街时报》上发布。

这些图表显示了一些有趣的信息。我们会立刻发现 30 年以来，直接交易者在股市下跌时数量巨大，而在股市上涨时少之又少。如果经纪人手中持有普通股的百分比代表边际账户的股票数的话，这些股票就会随市场的起伏而起伏。1926~1929 年的牛市中普通股持有者人数的上升可能是人们逐渐把普通股作为长期投资的缘故。直接交易者在市场下跌期间更自由地买卖可以在以下这一事实中得以体现，即 1929~1930 年的熊市前 9 个月，普通股持有者数量的增加几乎等于前 27 个月的增加总量。

翻阅钢铁公司发展史我们会发现，人们并没有什么固定的经验规则来鉴定股市技术地位的强弱，但是它把熊市定义为股票从弱手转移到强手的阶段，并证明了从长远来说，很多从事现金交易的小证券商要比少数从事信贷交易的大证券商更有影响力。这些结果虽然有用，但也没有解决我们的实际问题。

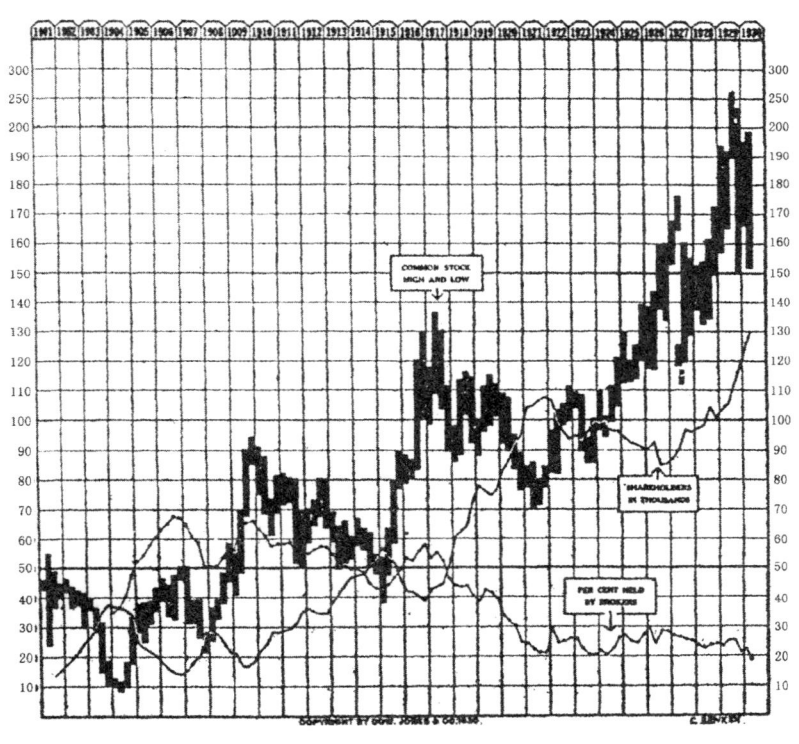

图8-1　美国钢铁公司普通股一季度走势情况

经纪人贷款以及市场状况

另一个衡量技术效力的数学参数可以从近几年公布的经纪人贷款金

额中得到。联邦储备委员会每周都要汇编，并发布所有纽约大银行向经纪人以及证券商们针对股票和债券发放的抵押贷款数额。这其中包括给经纪人和市政债券商行的贷款，但不包括通过纽约的银行以外的其他渠道发放给经纪人的贷款。这些数据提供了"弱手"信贷金额的大致情况，而且他们每周都会及时公布一次，周四下午晚些时候公布的数据就好比是对前一天交易的一个收盘。

如果把经纪人贷款作为一个对保证金交易者借款余额的大致估计数，经纪人贷款的增长率及下降率则就可以作为一个粗略指标来衡量市场技术地位的下降或上升。如果经纪人贷款比股票价值增长得快，那预示着市场技术地位受到阻碍。1929年的9~10月间，经纪人贷款成亿增长，但是股票市场却没有什么上涨，这种危险的信号为当时的一些评论家所注意。相反，1929年11月中旬到圣诞前夕，经纪人贷款总额持续减少，总计仅为8亿美元。这应该已经使胆小的人相信股价即将从恐慌期间的低点开始回升，而且这只是日后更大幅上涨的前奏。

真正的危险信号

在经纪人贷款被公布后的几年间，有四次经纪人贷款的增长率远远超过股市的上涨。在60天内，每次股市都经受着剧烈的下跌，1928年6月和12月、1929年10~11月和1930年5~6月，在6周内经纪人贷款金额的迅速增长每次都超过了10个百分点。更值得注意的是，1929年1月经纪人贷款余额快速增加，伴随着股价相同幅度的涨势。因而依赖于本文提到的预测办法的证券交易者当然不会将手中的股票抛售，因为该预测手段表明将肯定会有熊市产生。然而，少于5年的记录不足以用来证明该指数的价值。话虽如此，但逻辑和经验都表明，如果经纪商在6周或更短的时间内贷款增加10%甚至更多，但活跃的重要股票的价格又没上涨的话，这才是一个真正危险的信号。

到目前为止，关于技术因素的进一步讨论就要限定在那些脱离市场活动的数据上了。如果没有参照对"股市未来发展可由其过去的发展推测出来"这一不断修正的理论，处理这个问题就会显得不完善。成千上万的证券交易者相信，主要股票的发展和交易量之间的关系在几天或几周内有着重要的预测价值，其他证券交易者则希望能从交易量以及未来走势中得到一些关于股票未来发展的启示。这些信念的逻辑基础是：股票是唯一的一种交易工具，在此过程中所有的交易并非是一种公开记录。如果某位进口商对可可豆感兴趣的话，他恐怕找不到所有关于可可豆的售出时间、数量和价格的详细记录，即便对买方卖方的身份一无所知，他依然会认为这种交易的记录很有价值。

操作集团忙碌的时候

持有通用汽车股票的交易者看着交易盘口，不但能知道自己能盈利或亏损，也可以看到这档股票操作集团的买卖记录，而这一记录却被成百上千的其他证券交易者和投资者所淡忘。"股票不会涨，它们是被人为炒上去的"这一极端的想法为广大证券交易者所认同，至少会使出没于经纪人办公室的证券交易者怀疑活跃的股票中是否有某操作集团介入。假设操作集团活动或者市场上自然发生的分散力量，其强度足以会引起很多股市波动，那什么样的市场动向能够暗示出这些活动及力量呢？

我们这里讨论到的该理论的忠实拥护者始终在读图表。准备这些图表很简单，每天每股只需要半分多钟，纵轴记录每天股票价格的波动，图表纵向的上方记录每天股票价格的波动，纵向底部记录了成交量（通常要将周六的交易量翻一番才能形成连续的记录），横轴表示时间。读这张图表，绘图者可以立刻看到某一天，他最喜欢的股票最高点和最低点分别是 80.25 美元和 79 美元，成交量 14000 股；第二天其股指波动于 81.50 美元和 79.75 美元之间，成交量为 18500 股。

如何读一张图表

交易者读图时会迫不及待地去寻找"累积"或"分派"的原因。他可能发现在三四天或是几周的时间内,股票价格在一个相对较小的范围内波动。交易量的减小表明,假设中的庄家发现如果不显著抬高价格,那么他们会越来越难以从持有的股票中获得收益。股票价格突然涨到高于以往较高的水平,并伴随着交易量的增加,这足以被认为是操作集团已完成累积并试图把股价提到更高水平的一种暗示。假设图表上的微妙征兆确实代表不容置疑的事实,可以归纳出正确的推论,而且进一步假设该操作集团管理得当、运作及时,那些忠实于该股票的证券交易者购买该股票就将是一种有利可图的尝试。

在绘制图表时找到所谓的"线"后,该证券交易者并不确定这条线是预测股市的暴跌还是上涨。回到该特定市场的走向是由操作集团造成的这一无法证实的假设上来,股价暴涨之后可能就是一段小范围的波动,这也许意味着操作集团正满足于投资者的大量抛售,并会进一步提升股价。如果现在操作集团开始抛出,该股交易量可能会突破上涨底线,读图者可能会用这些动态预测股市的大幅下跌。

读图表的几个实例

在1929年的上半年中,雷明顿·兰德公司的普通股股指在28~35美元之间波动,或许这可以用来说明读图中隐含的学问。图8-2显示了在5月份股票以35.25美元大笔成交;后来大衰退,降到28.125美元,日成交量也减到很小;6月中旬股指再次上升到35.375美元,日成交量也增长很多;6月份的最后9个交易日内,股票售出价在33.625~35.50美元之间;7月1日,更大的成交量推动股票价格超过了之前的最好价格水平。在此期间,一直在研究股票的证券交易者购买了一大笔股票，凭着对图表的正确理解，该证券交易者在一个月内获得了35%的资本回报率。

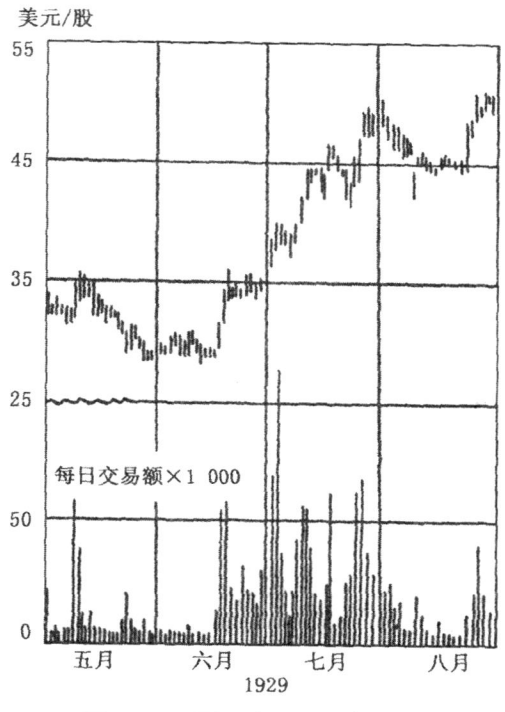

图 8-2 雷明顿·兰德公司

1929年春雷明顿·兰德公司为35美元的股票价格标志了所谓的"抗升点"。这只股票在2月和5月，股指两次超过35美元，但始终没能达到36美元。从读图者的角度来讲，7月1日股指超过了36美元，成为股市向好的迹象。1930年早期，博登公司也出现了类似的抵抗水平（见图8-3）。在恐慌的第一次反弹走势中，博登公司的股票价格在12月底达到了72.75美元，随后又降到了60多美元的水平，在60美元和68美元之间一直波动了两个月。2月底股票价格有又突然增长到70.50美元，两天内增长了6.50美元，并且大笔成交。从读图者的角度来讲，在接下来股票价格下降的几天里，成交额的大幅下跌促成了其投机行为。假如他仍然困惑于 72.75 美元的抵抗水平，那么他只能等待几天后抵抗水平能有所突破了，很奇怪的是抵抗水平真的就屈服了。股指一路上升，三个月后达到了 90.375 美元。这种现象与前几章提到的美国罐头食品公司形成鲜明的对比，并说明华尔街有很多看起来反常的现象。

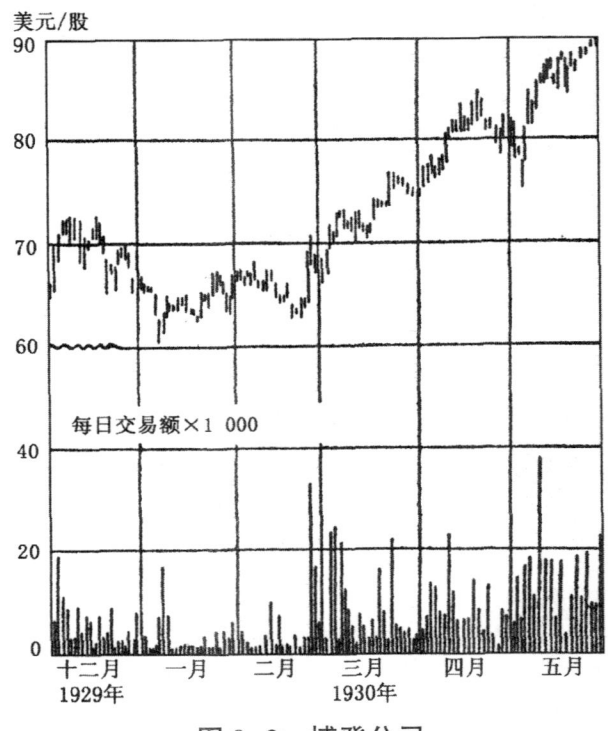

图 8-3　博登公司

1930 年春天联合碳化公司图表（见图 8-4）的反常行为就是一个这样的例子。恐慌期过后其股票价格一下子飙升到 3 月末的 106.375 美元，在连续 15 个成功交易日中，股票价格三次超过 105 美元，但仍然没有达到 106 美元。另一方面，在此期间它也没有回落到 101 美元以下。在这段期间的后半段，交易量显著上升，这种不祥征兆之后便是更糟糕的跌幅，在 4 月 21 日其股票价格低于面值，几乎是一路暴跌了 40 美元。

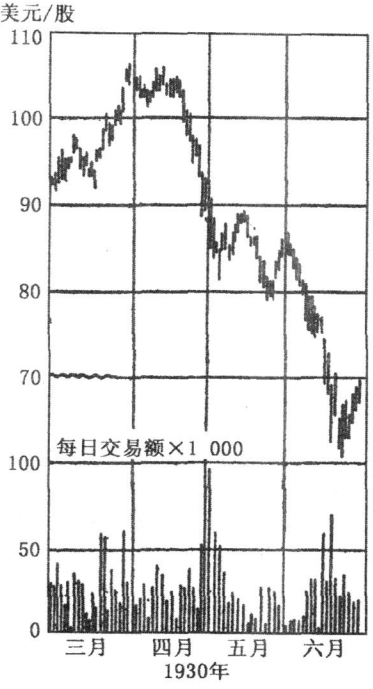

图 8-4 联合碳化公司

图表的局限性

看到这里，有的读者可能持怀疑态度问这些例子是不是经过了精挑细选，只是事后诸葛亮而非先见之明，在很大程度上，这个判断是正确的。图表通常不会像我们分析的那样明确指出这些技术地位。此外，对于那些日成交量低于几千股的股票来说，这样的图表并没什么实际作用，而且只能进行短期交易进一步削减了这些图表的作用。根据图表的指示购买某一股票，看着股票上涨超过10%或者更多，然后开始犹豫不决，转而长期持有，却因此遭遇损失，显然这并不能责怪走势图。此外，交易者把走势图理论运用到个股上时，如果碰巧他从图表得到的结论和某一股票的内在价值行情发展趋势相吻合，证券交易者自然会觉得自己处境安全。

谈到更广领域，根据市场变动真的可以预测出大盘走势吗？毫无疑问这里可以找到庄家操作的迹象，没有哪个单一的庄家会强大到足以支配整个市场的地步。相反庄家需要找到迎合公众胃口的股票，找到我们前文提到的"勇敢指数"，而市场的变化会揭示出这一指数的状态吗？

道氏股价理论

当然我们可以在道氏股价理论中寻找到该问题的一种答案。如果铁路和工业股（或者公用事业和工业股）的平均股票价格摆脱狭隘的交易区间，那么就意味着股市可能会有大的变动。牛市通常不会出现平稳的高峰，那些在1929年秋天一直等着平均股指突破8月低点才出手的证券商也错过了股价高峰期。尽管如此他仍可以避开大部分的跌幅。1930年6月前夕，道氏股价理论表现较好，在6月的第一周，两个平均股价都打破了5月下旬形成的底部窄幅震荡，从而使一直暴跌的股价终止了下降的势头。一年以前，在一个小小的回落之后，两个平均股价均轻松突破了自5月份下跌以来的第一个反弹点。这种现象正确指示了1929年5月的下降期并不是像很多学习经济学原理的人认为的那样是一个熊市的开端，而仅仅是牛市的一个回落。

销售高潮

成交量与行情走势之间的关系是学习技术分析的人应该关心的另一个话题。1929年9月股市反弹趋势后成交量的增加成为市场行为的一个不利因素，我们不应该把这一趋势与剧烈反弹后期的"销售高潮"或"清仓日"混为一谈。经过长时间的价格下降，大笔的成交量通常标志着股市下跌的低潮。这段时间之后通常就是至少要持续两三天的大幅反弹，在1929年的恐慌期中，当一时有过量股票在股市上出售时，就出现了很多这样的小插曲。

热衷于读图表的股民为那些知名活跃股的行为带来了很大的压力，比如美国罐头食品公司、通用电气、通用汽车和美国钢铁公司等。如果大部分选定这类股票的群体均表现出他们有能力或无能力打破先前在任一方向上形成的阻力点，那么我们就认为事实对于大盘走势有着重要意义，其实这是对道氏估价理论的一种修改。

是艺术，而不是科学

证券市场的影响因素不能被简化成任何一套简单的规则。与大多数投机分支相比，与其说市场行为是一门科学，倒不如说它是一门艺术。学习技术分析的人通常只对短线动向感兴趣，即便是那些关心长线操作的证券交易者也会出于利润因素去考虑短线操作，否则他将只能依靠大量商业事实和货币市场来指导其买进卖出股票。在一个相当长的时间里，获得了从这些事实中得出正确结论的能力后，他们会赚到很多钱。如果他还能够掌握更多市场的技术情况，即便是那些长线证券交易者，他的利润也会大大增加。

第九章 卖 空

"卖出自己手头上还没有的东西，那些人必须履行承诺，否则就要进监狱。"业余的投资爱好者都是从美国金融界明白这个道理的，他们的卖空行为也常常被阻止。然而，投资者有必要弄清楚这种交易中的卖空机理、经济职能，或许还有道德规范。

一般的证券交易者都是股票市场上的长期"空头"。人类的本性都是偏向于乐观而不是悲观的。此外，财富通常都是通过价值的膨胀而非毁灭获得的。人们总是把财富的获得与蒸蒸日上的市场联系起来，而把失败、倒闭、萧条和恐慌与下跌的市场联系起来。人们不喜欢熊市，虽然卖空交易比几年前变得更普遍了，一直到最近这几年，卖空交易也主要局限于那些专业的证券投资人士圈内。一般交易大众只会买进，要不然就是完全退出市场。

理论上讲，卖空交易本身没有什么神秘之处。依靠购买股票来进行投资的投资商手中可能有充足的股票，却没有充足的资金。投资者欠经纪人钱，而经纪人欠投资者股票。如果他卖掉不属于自己的股票，那么他钱多了，股票却少了，经纪人便欠他钱，他也因此欠经纪人股票了。到目前为止，卖空交易的运营就这么简单。

交割规则

卖空交易的复杂之处集中在纽约证券交易所指定的价格规则。通常在交易大厅签订的常规合同要求卖方在次日下午的 14：15 之前交割股票，当然也有以现金交割也就是当日交割，或者延期交割的形式签订合同。"卖方七天"的意思是卖方要在七天之内完成交割。这个交割规则的重要性，早在 1901 年著名的北太平洋垄断期间就体现出来了，某些套汇交易商在伦敦购买股票，然后在纽约证券交易所将股票出售，结果为了履行即期交割的契约义务，被迫付出令人难以置信的庞大代价，即使他们在伦敦购买股票的证明就在寄往纽约的途中。

经纪人的权利

很显然，先出售别人的股票，然后希望以后再以较低的价格买回这笔股票的证券投机者是没有资格去按照常规交割规则进行交易的。当然根据"卖方三十天"规则，他可以出售股票，其售价很可能要比按常规交割的股票价格低些，然后希望在这一个月里能以常规的方式购买股票，但这个过程很繁琐。为了避免这个问题，缺少股票期货投资人为了能以常规的形式交割他们需要借用的股票，此时他的经纪人可能将在保险库里存有某位顾客的大笔股票，或是从其他经纪人处借来的股票。在上述任何一种情况下，借出股票的经纪人都没有必要向他的客户解释这些股票到底属于谁的账户。期货投资人同他的经纪人关于合作签署协议，此协议赋予经纪人很多权利，其中包括经纪人有权借出他账户里的股票。

某客户与纽约证券交易成员公司签订的协议中，通常会这样写道："从今日起，本人除因寄存保管外，凡因任何其他目的，交由贵公司掌控的任何证券，以及本人在贵公司账户中任何余额，随时都作为本人所欠贵公司债务的担保。所有这些债券，不需要通知本人，即可借出，单独或与任何其他债券一起对外抵押，或用于任何与本人欠贵公司债务无关的支付。无论何时，如因本人所欠贵公司的债务或所有涉及本人账户的贵公司负债的安全，若不能达到贵公司满意的程度，不需要通知本人，随时可以在任何证券商处，或经由公开或私下销售方式的形式，将本人的部分或全部证券出售，或购入证券来偿还本人账户进行的卖空……"

和客户签订了这样无所不包的协议后，经纪人可以随时将他们账目中的长期股票借给短期客户或其他经纪人。假如亚当斯·杰斐逊公司的一个客户约翰·史密斯手中持有100股美国钢铁公司的股票，现在亨利·琼斯觉得这些股票的售价将会升值，他就会要求亚当斯·杰斐逊公司将这些美国钢铁公司的股票卖掉。亚当斯·杰斐逊公司会把这些股票交割给另一个经纪人，而这个经纪人已经和亨利·琼斯签订了买卖合同，这种遵循股市交易中心规则的常规交割就已经实现了。

卖空结算

如果亚当斯·杰斐逊公司在一个客户的账户里没有可交割的股票用以满足另外一个客户的卖空交易，在这种情况下，他就需要从其他经纪人那里借用股票，但是这种情况在诸如美国钢铁公司这样的主要发行股票中很少发生。借出股票的债券商在交割股票后会收到与股票的价值数目相等的支票。伴随着股票行情的浮动，由借方持有的现金每天都需要做出相应的调整。由于股票的贷方同时又是资金的借方，他也需要付出股息，借方要支付的股票利率与主要的活期贷款利率相差不多。如果一档股票有点难借到，那么该股票的利率几乎为零。在极端的情况下，借出股票的人除了免费使用等值的资金外，甚至还可能得到一笔额外补贴。就以这段文字写作的时间为例，美国羊毛制品的优先股为其借方提供1/64的额外补贴，那么这100股美国羊毛制品公司优先股的卖方除了要无偿提高股票价值外，他每天还要为这 100 股股票额外支付 1.5625 美元以维持其优势地位。最后股票的借方需要向贷方支付借出股票期间累积的所有股息。

卖空的价值

卖空对经济会产生什么样的影响呢？或者，不用"卖空"这个颇有争议的经济术语，对熊市进行投机，对经济有什么影响呢？这个问题不过是一个大问题中的一小部分，那么所有在这种有管理、有组织的交易所进行的投机行为又会有什么样的经济作用呢？以此为话题很容易写一篇论文，对于现在各种需求我们完全可以说投机在有序的商品和证券销售中起着重要作用。我们没有必要更多地讨论这一宽泛话题，这里只要浅谈投机在股市的重要作用就可以了。

远地的客户

当出售不是一般意义上的投机，并且不是卖空时，我们经常应用卖空交易的机制。假设一位投资商正在欧洲旅行（投资商本人可能是佛罗里达州或得克萨斯州或加利福尼亚州的居民）打算出售一些艾奇逊铁路公司的股票，他可以向他的纽约经纪人发送电报订单。当经纪人今天出售股票，根据合同他要在明天下午 14:15 前交付股票，但这个投资客户可能一个星期或者一个月内都没能把单据交给他的经纪人。经纪人事实上已经没有股票了，他也只能通过借股票来交割，如果经纪人的客户是一个卖空投机者，则经纪人也必须通过借股票交割。

假设某公司股票的一个重要股东打算清算他手中的部分股份，如果当他出售股票时交付他的证券，他就要交出他的单据。如果被揭发是"内幕"交易，那么他的股票就会失去销路。为了避免这种情况，他通知他的经纪人根据需求借贷股票来实现交割，只有当其清算结束时，他才可以提供自己的股票。在这些情况中，经纪人本身既不是投机者，也不会由于缺少股票而无法完成交易。尽管经纪人本身可能确实缺少股票，但很长一段时间内可能一直都这样。

零星股市场的本质

现在让我们谈谈真正的融券卖空，换言之，就是在卖出时，当事人并未实际拥有证券，其动机是希望卖出之后，将来能用比较低的价格买回同样的股票。在纽约证券交易所大厅里投资生意正大规模地不断增加，就像现在这样，这可能是由于一批卖空者的存在。零星股（不满100股）的购买者能够立即以比整数股（100股）略高一点的价格下单购买。这类交易能如此顺利完成，是因为有一批活跃的零星股的经纪人时刻在准备着卖空，而价格只高于市场价1/8美元，而对于其他股票，这个价格要比市场价格高得多。经纪人不是以低于市场价的价格购买零星股票就是以市场价购买整数股来赚取差价。

维持有序市场

卖空的另外一个功能就是以稳定的价格来维持股票的销路。即便在股市只购买100股，一份订单可能要面临很多订单的竞争，这样就会导致股价的无端上涨。大厅的那些交易者对于供求间短暂的差别十分敏感，在股市上涨时，他们肯定就会在股票价格刚涨一点时卖空，希望能有一定的收入偿还借贷。因此卖空是维护当今有序市场的一个重要因素。

卖空交易者的活动在很多方面减小了股市动荡。当牛市即将结束时，投资者不考虑股票的价值，投入更大的热情推动价格不断上涨，涨到了令人头晕目眩的程度。这时卖空行为将使市场进入稳定状态，并暴露市场的弱点，给投资者以及时的警告。当市场进入另一种极端情况，悲观情绪蔓延，胆怯的投资者想到以后的价格可能会更低，迟迟不肯购买，那么这些投机者大胆自信的购买行为，就成为一种强有力的，有时甚至是唯一的稳定因素。

场外交易的困难

通过对上市公司和非上市公司的比较，我们可以看到卖空的益处。1925年12月，由于做了大笔不明贷款和抵押业务，每个人都知道南明尼苏达地产股份银行的账目已被没收。这家银行在同行业中的规模是相当大的，它的股票在几个月前还以很高的发行量出卖给投资者。由于联合土地银行的成立历史还不到十年，并在短短两年的时间里，吸引了广大投资者的注意力。这则消息使投资者的自信心遭到了重创。在1925年的秋季，股份制地产银行的招标结果还非常喜人，竞标的价格上涨了很多，现在情况却完全逆转了。投资联合土地银行的新投资人完全丧失信心，很明显不愿再继续持有股份。在这种混乱的局面下，投资公司的推销员不能够确保有新的交易者购买股票，而且投资公司自己不能通过重新购买他们已经出售的股票来维持自己的资本，招标已是名存实亡了。很现实的一个问题是，在1925~1926年的那个秋天和冬天曾一度有几周的时间，投资者以任何价格都卖不出其联合土地银行的股票，这绝不是唯一一个困扰场外交易者的难题。

如果联合土地银行的股票能够在1925~1926年的那个秋天或者初冬时就卖空，那么市场又会怎么样呢？在当时不利的发展局势的威胁下，那些密切关注局势的公司毋庸置疑会出售它们的股票。它们中的很多人不仅仅出售自己持有的股份，而且还会以卖空的形式出售他人的股票。当那个令人不快的消息传到大众中间时，市场很有可能会大跌，并且情况会因进一步的恶化。然而，随着股市继续下跌，卖空证券投资人将有可能获取利润。他们只要购买股票便可赢利。因而，市场将始终存在着大量购买股票的订单，而真正的投资商再也不会陷入无法清算股份的窘境。

大恐慌期的熊市

如果 1929 年的恐慌能够给人们带来一些教训，任何对纽约证券交易所盛行的卖空交易的抱怨都应该归咎于它在当时进行得太少。当时股市将会大幅度下跌的谣言广泛流传，并最终迫使证券交易所做了个调查。给所有的成员企业调查问卷的答复结果显示，截至 11 月 12 日，总共借入的股票仅占 1% 的所有上市公司股票价值的 1/8，很显然，这是牛市而不是熊市引起了这场恐慌。

卖空的道德规范

卖空行为有时被股市观察家或者是熟悉股票机制的人批评为不道德的行为。这些批评家认为，任何人在道德上都无权卖掉他人的财产。这些批判当然忽略了这样一个事实，就是实际上并没有发生上述事件。他们仅仅签订合同，之后交付一定数量的股票。因而他必须在以后的某一天购买同样数量的证券，以履行合同。在一般商业过程中，某钢铁公司可能会签订合同，在几个月后交付一定数量的钢轨，即便它的铁矿石可能现在还没有开采出来。没有人会认为这家公司不道德，也不会称它为卖空。有些人认为卖空不道德，仅仅是因为他们被这一术语的表面意思所迷惑，卖空实际上就是对证券期货合同的一种称谓。

此外，卖空者还会成为他人财产的未来客户。由于空头交易者的存在，多头交易就变得轻松得多，因为空头交易者总有一天要找到他们，买他们的股票。这要比没有确定客源好多了。我们应该时刻牢记卖空是一种不完整的交易，某个人可能在购买股票半小时后又将其出售，也可能将它锁在保险箱里，留给子孙后代。卖空者就没有这样的选择，他迟早还要补回，而且通常是在很短的时间内就要补回。理论上他可以通过活跃的股票使他的空头地位维持几年。但实际上，绝大多数的空头交易都不会如我们想象的那样，它们通常周转很快。完整的投机交易需要签订两份合同，这两份合同是建立在由此产生的差价有望给投机者带来利润的基础上的，一份是去接受证券，另一份是要交割证券，投资者根据期望的证券差价获得利润。仔细考虑一下就会知道，卖空是一种不道德的行为的想法有多荒谬了。签订两种合约的先后顺序竟然涉及道德问题，未免太荒唐了！

引领式抬价

敌视放空的批评家们，也指责多头通过手中股票迫使空头遵从交割规则这种明显不公平的现象。假如甲先生从500股北美股票的多头交易中赚到钱，他当初购买这只股票是因为预测其行情日后会上涨。而他购买这500股股票的行为会影响股票的价格。同一经纪人事务所的另外一个客户乙先生，可能对北美的股票行情不是很满意，所以他打算卖掉手中持有的500股北美股票。于是经纪人把投资者从乙先生那买来的股票交割给甲先生。就像购买股票可以使市场发展进步一样，出售股票的过程也可能使市场下跌。现在我们知道这些批评家的言论是对卖空这一正当行为的侮辱，我们应该抵制这种言论。用自己的财产买卖股票，多头经营投机者的财产容易被洗劫一空，这种结果是早该预料到的。

我们暂且不考虑在我们的假设中，多头交易者与其经纪人签订了类似上述合同的正式协议，允许经纪人这样使用财产这一事实的合法性，难道他们从来就没有人就此事诉诸法律么？当他决定出售500股北美的股票时，出售所造成的股票市场的下跌将会抵消购买股票对股价上涨的促进作用。另一方面，多头交易商的股票在卖空行为中对股市的抑制作用被买空者的促进作用抵消。因此，从长期角度看，这些影响都是相互抵消的，卖空者能否在多头经营投资者出售股票之前补仓或是相反的情况，这都不重要。

只要稍微思考一下，我们就会很清楚交易者在任何情况下都不能只靠买进股票的行为就能赚到钱。如果他资金雄厚，他可以通过购买股票将价格抬高，然而，这只是通过个人的努力来使自己获得好处。如果购买股票是促进股价上涨的最重要原因，那么当他出售股票时股票价格就会大幅度下降，这样他就无利可图了。只有其他买方在他购买和出售期间依然兴致勃勃，并且流动供给量的降低要远远低于他的购买量，他才能赚到钱。认识到这个原理，我们就很容易理解，多头的证券投资者用自己的股票促成卖空这一行为的发生时并没有任何损失。

对股票囤积的恐惧

除了普遍担忧卖空交易有什么不道德外，许多交易商对于股票囤积的担忧也会促使他们进行卖空交易。华尔街历史上曾经发生过这样的囤积事件，很多失去市场的证券商纷纷破产。这些事件足以使一般证券交易者在做卖空交易时望而却步。囤积事件中，股票被买方带出市场，使其不足以供给缺少股票的投机者时，就会产生垄断。当发生囤积事件后，卖空者会提高股票价格，以便能够履行合同。著名的北太平洋囤积事件是希尔和哈里曼两大铁路争夺铁路控制权的结果，其中一个为了控制大多数的普通股，而另外一个为了控制所有股票的大多数，包括优先股。竞争的最后结果是和解。当股票价格上涨到开始超过其本身的价值时，那么到底由谁出售股票对投机者来说已经毫无意义了。当他们意识到已经无法借到股票时，他们会不惜高价去补仓。这样的竞争其实是百年不遇的。

不幸的囤积

当股票大部分集中在少数人手中时，确实可以透过人为操纵而造成囤积。几年前某家连锁百货公司的股票在纽约证券交易所上市，其经理给华尔街好好上了一课。这家公司规模适度，它发行的股票数量不是很多，分布也不很广。当股票达到高于公司的资产或者经营收入的正常水平时，就自然有必要将其大批出售了。而我们谈到的这位经理先生就会考虑封杀空头，并拒绝借出股票，同时又会购买股票使得临时供给几乎降至零，显然他想迫使那些不能够完成交割的卖空者去结算。他这样做，等于无视纽约证券交易所董事会的强大权利。起草证券交易所规则的初衷就是维护市场的自由和开放，而不是去促成垄断。随着整个股票的发行被很多人关注并控制着，事实上自由的市场已经不存在了，中止股票交易成为合理的结果。随后，通过协商谈判，制定合理的股价。金融界的狂热空想家发现自己持有了公司大多数的股份，而其购买价远远超过股票的自身价值，这种行动等于是自掘坟墓，自绝于世界最大的市场。不久之后，他就因为财政的窘境，不得不向公众寻求财政帮助，而此时华尔街早已经把他给淡忘了。

财务上的自杀行为

囤积股票显然是在破坏该股票的市场。股票分散在投资者手中可能需要很多年，而现在却都集中到了某些操控者手中。为了封杀空头，这些操控者迫使自己通过购买股票来履行合同。一些操控者被迫以远远超过股票实际价值的价格从开放市场购买大量股票，投资股票市场的信心被飙升的股票价格击碎，投资商也被证券交易所的各种上市证券弄得惊慌失措，现在市场上没有人购买股票了。进行证券市场垄断是一种离谱混乱的举措，实际上相当于金融自杀。虽然每个聪明的投机者都明白这个道理，然而这种情况每隔一段较长的时间就会发生一次。

卖空需要勇气

虽然股票囤积发生的概率很小，但事实上也还是有可能发生。而且股票上涨的程度是没有极限的，而它的下跌极限也无非是跌到一文不值，所以卖空通常不适合长期运营。面对某一股票看涨的市场行情，即使股票价格已经明显过高，投资者仍然需要很大的胆量和勇气坚持空头头寸。在上一章我们提到过在1924~1926年的牛市末期，狄福雷诺公司的A股价格大幅下跌，股指从105美元几乎垂直暴跌到35美元。在这只股票不该有的涨势即将结束时，有些精明的投机者放空这只股票，结果没有从随后的跌势中赚到钱。因投机者无故对某一股票的坚持不懈，难免会使公众怀疑他们是否要垄断股票市场，或是通过股票囤积来寻求控制权。卖空者自言自语道："证券行情趋势线讲述了一个故事"，然后以几美元的损失补仓。实际上证券行情趋势线讲述的无非是人们生活中的一些琐事。

对长期投机者来说无利可图的地方

卖空者的市场不能为长期投机者的运营带来利润还有其他原因。通常牛市的时间总是比熊市长，因此买卖"大众"股或其他各种各样股票的投机者有更多的时间决定购买哪家股票，也会有更好的机会——即便对牛市什么时候结束判断错误了，他也一样会赚到钱。对长期投资者来说，单就时间这一因素，牛市已经为其提供了更多可靠的盈利机会。长期的空头业者一直在与持续上涨的股票价值做斗争，他们成功的机会要比那些做多头经营的投机者少得多。

卖空在投机经营中有着合法地位。然而，对于精明的投资商来说，卖空行为的发生绝对低于买进。他意识到没有谁能够从容对待他们股票短缺的局势，并在这种情况下仍保持冷静的头脑，这是人的本性。在选择媒介时，他不仅要确保股票已经明显达到高价，而且要确保交割股票时不会有任何困难。这就意味着他必须选择一只具有雄厚资本支持的股票，就像一口水源充足的井一样，可以在华尔街源源不断地为他们提供股票。如果业余证券交易者最终决定把卖空留给那些做投机买卖的人去做，那么这将是一个非常明智的选择。

第十章 什么是牛市

股票指数是最有用的同时也是最危险的，有用是因为它能揭示市场总体走势，说它危险是因为误导证券交易者，让他们忘记利润是来自于其持有的个股的市场波动。道琼斯工业指数中使用的 30 只股票既对市场的总趋势做出了描述，也给出了 50 种或 100 种股票未来的平均水平。要说明这一点，恐怕必须进行繁琐的计算。作为市场的标准，可以用另一种方法测试平均数的可靠性，即可以测定有多少股票与平均数所表明的总体趋势相反。比如，当工业股指数都处于熊市时，有多少只工业股的价格比其在牛市的价格还要高？用这种方法测定出大量的主要市场涨跌，股市研究者们就会发现，在任何一种情况下，都只有少数股票与总趋势的涨跌相反。

70 只股票的涨跌

当股价指数处于低迷时，绝大多数股票的价格要低于其处于高位时的价格。这一事实会使另一事实变得模糊不清，那就是个人股票在差别很大的不同轨道内变动。图 10-1 列出了 1921 年的一项关于 70 只常见工业股票涨跌的调查结果。1921 年是令人瞩目的一年，因为在这一年熊市达到最低点。这 70 只股票是从纽约证券交易所挂牌公司的普通股票中随便选出的，它们的英文首字母是 A、B、C、D、E 和 F 开头进行列示，而且 1921 年的每个月都有交易。

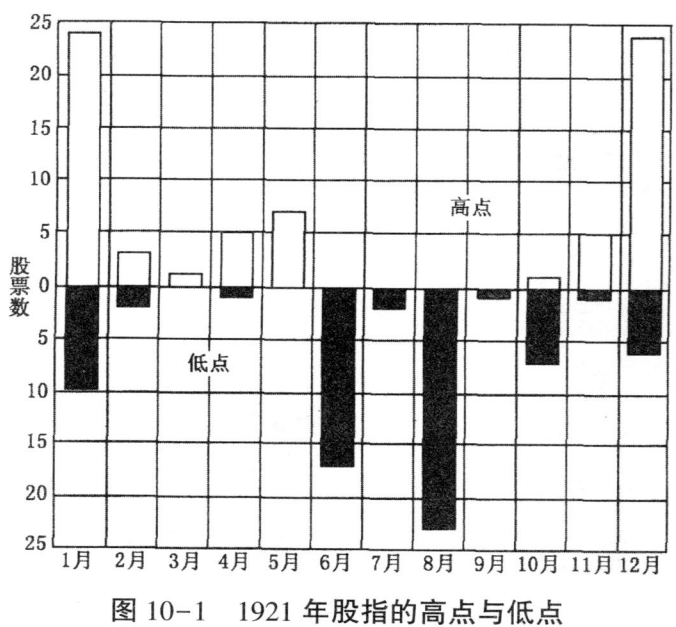

图 10-1　1921 年股指的高点与低点

在该年的 1 月份，有 24 只股票售价达到了年度最高点，而 9 只股票售价降到了最低点。这可由图表中的 24 个高度超过了水平线的条状图以及包含了 9 个在水平线之下的条状图生动地表示出来。有两个月没有股票卖到年度的平均数之下；有四个月没有一只股票创造其当年的最高股价记录。

创新高与新低股票一览表

显而易见，这张图表很符合道琼斯工业平均指数的变动。该指数在 8 月份降到了低谷。1 月份，虽然有 24 只股票创当年新高，但市场正在走下坡路。这一年结束的时候，市场正处在 1921~1923 年牛市的早期阶段。8 月份的数字清楚表明了熊市的结束，此时 70 只股票中有 23 只达到了全年的跌停，而且没有一只股票达到其全年股价最高点。

更有趣的是，某些个别股票与道琼斯工业指数的走势背离。研究的 70 个对象中，有 11 个在第一季度出现了涨停，并且在大盘已经转向之后继续下跌，直到最后三个月才达到了它们的跌停。相反，有 13 只股票在 4 月份甚至更早的时候，就已经提前于大盘跌到了全年股价最低点，而在大盘仍在继续下跌的时候就开始了反弹，这 13 只股票在最后一个季度达到了年度全盛期。

这 11 只和 13 只股票列表如下：

第一季度上涨，最后一季度下跌	第一季度下跌，最后一季度上涨
先进—仑里公司	美国印钞公司
阿贾克斯橡胶公司	美国冰激凌公司
美国糖业公司	美国散热器公司
美国奇可口香糖公司	美国鼻烟公司
美国炼糖公司	美国电话电报公司
资产变现公司	美国纺织公司
大西洋果品公司	美国联合干货公司
美国苏门答腊烟草	布鲁克林联合天然气公司
古巴蔗糖	巴特里克公司
古巴—美国糖业公司	加州石油公司
艾莫森·布兰丁恩公司	可口可乐公司
	纽约天然气公司
	斯迪克特—约翰逊公司

投机性股票和投资性股票

对上述两类股票进行分析，我们可以得到更深刻且具指导性的经验。第一份名单中包含的大多数是高投机性的股票，其中只有 3 只股票以股息为基础并且后来所有股息都被削减或省略掉了。出现在名单上的有 5 家公司股票曾经经历过自发或不自发的重组。很多情况下，股票在 1923~1926 年牛市顶峰期时的卖价低于其在 1921 年熊市高峰期时的卖价。相比之下，第二份名单是一组投资性股票。除一只股票外，其余的股票在 1921 年都是以股息为基础的，除了极少数的特例，这些股票在 1921~1923 年和 1923~1926 年牛市期间，都创下了客观的增值。

从这些例子中，我们可以得到一些可能并不很精确的结论：投资性股票倾向于在熊市早期达到低谷期，它们比那些预测性更高、价格更低和无股息的股票更稳定，并且通常情况下，有着更大的利润。这一结论可以得到更完全的分析结论的支持，在此就不赘述了。

不同的趋势

这张图表以及它所包含的数据正好印证了另一个重要的结论：很明显，不同个人的股票的活动路线大不相同。先进—仑里公司的股指从 1 月份 19.75 美元的高峰跌到了 10.125 美元的低谷。同样，从 1 月份到 12 月份，美国冰山集团股指从 42 美元的低谷升到了 83.50 美元的高峰。至于以往的两个投资热点——"美国炼糖公司"和"美国电话电报公司"，前者股指从 1 月份的 96 美元降到了 10 月份的 47.625 美元；后者则从 1 月份的 95.75 美元上升到了 10 月份的 119.5 美元。除此之外，还有很多例子可以引用，但是这些就已足够了。很明显，对市场总体走势的正确判断还不足以使投资者从这些股票中获利。那些认为熊市在 1 月份还没降到最低点而拒绝购买"美国冰激凌公司"和"美国电话电报公司"的证券交易者，会在等待中让钱财一点点流失。同样，如果他在 8 月份购买了"先进—仑里公司"或"美国炼糖公司"的股票而不是去购买其他更好的股票，那么即便对于市场总体走势判断正确也没有丝毫意义的。

股票群体的变动

关于投机获利的问题,进一步研究这 70 只股票在 1921 年的走势,可以找到另外一种分析这一有利可图的投资问题的方法。读者可能会注意到,在第一季度达到了高峰期而在最后一个季度达到了低谷期的这 11 只股票中,其中有 4 只是糖业公司的股票。另一方面,在走势相反的 13 种股票中没有糖业公司股票。这点绝对不是巧合。在投机评估程序内,某特定产业的可能展望可能会成为一个投资者计算过程中的重要因素。对食用糖行业来说,1921 年是价格严重下降的一年,古巴原糖降到了 2 美分/磅,而往年的价格则是 20 美分/磅。由于原糖价格下降,精糖厂也不可能盈利经营,精糖厂生产商的利润空间被降到了最小,精糖的价格也很快下降到了原糖的价格。如果已经购买原糖并且精糖尚未上市的这段时间里,原糖价格持续下跌,即使只是 0.125 美分,损失也是必然的。何况世界上没有原糖经营者能以 2 美分/磅的价格获利。因此,在原糖市场下跌时,糖业公司股票很自然地就下跌了,直到原糖价格已经明显降到了最低谷,糖业公司的股份持有者才敢确定股息是否安全,甚至他的公司能否在这场危机中存活下来。

群体波动的原因

除了糖业公司外,许多其他的公司也受到了类似特殊情况的影响。例如,天然橡胶市场的起伏不定,势必会影响所有的橡胶生产商,由于与原料供应地相隔 9000 英里,他们必须在身边储存大量的原材料。美国西北地区一项不受欢迎的收费体系削弱了那个地区所有铁路部门的盈利能力。如果棉铃虫在某一年特别猖獗,那么所有的棉花加工厂就会受到棉花短缺的影响。股票在相当大的程度下,可以用这种方式归类,属于某一类别的股票会对影响该行业的条件而不是股票市场的总趋势做出反应。

惊人的差异

我们可以列出许多例子来证明某集团的股票可能会有着迥异的走势。道琼斯工业平均指数的附表（见图10-2）中：两只主要连锁店股票的平均数和三只化肥股票的平均数突出地显示，在投机时，不能仅仅对大盘的走势进行预测，一定要进行更深入的研究。沃尔伍思公司和克莱斯基的平均价格因考虑到股息而被调整，类似地，美国农业化工厂、国际农业公司和弗吉尼亚—卡罗来纳化工厂股票的平均数也因为考虑到资金的重组而被调整。

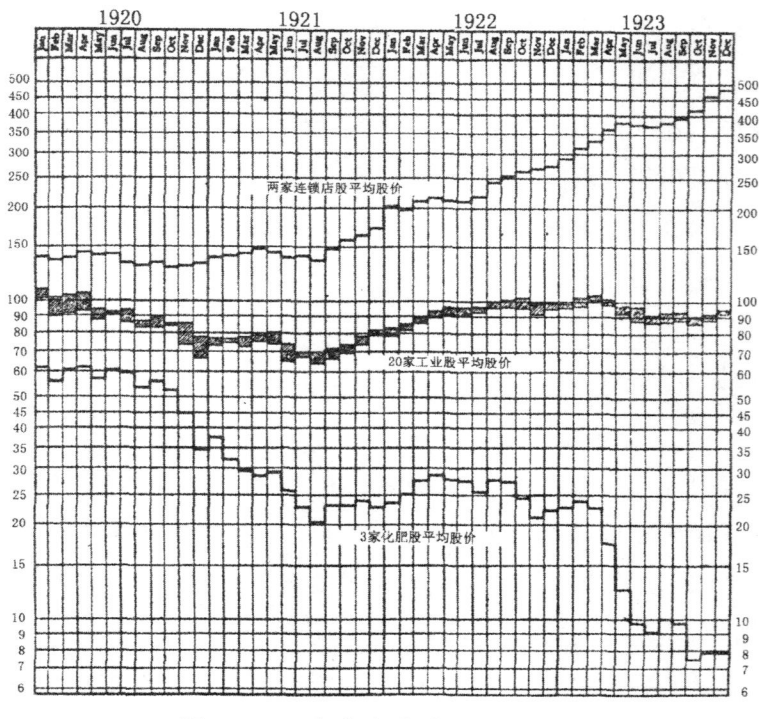

图10-2　牛市和熊市同时存在

1922年，弗吉尼亚—卡罗来纳化工厂重组资金结构。股票的持有者每拥有四份普通A股，就可以得到一份额外的普通B股股权。配股之后，平均数所包含的数字包括一份A股的价格和一份B股价格的1/4。

这张图表所用的比例尺在技术上叫对数比例尺，它建立在对数原理上（数值从10上涨到12实际是百分比从100%上涨到120%）。这种曲线拥有覆盖范围广且不会歪曲事实真相的优势。在一个普通的曲线上，我们发现连锁店股票由1920年较低的128.75美元上升到1923年较高的482美元，这使得其他两种平均值的变化显得微不足道，而对数曲线的应用则使这三种变化分别能以适当的方式表现出来。

连锁店股对化肥股

通过考察这条曲线所包含的信息，我们会发现在过去四年中，工业平均值表明熊市被牛市所替代。虽然处于熊市的低谷期，但是连锁店股票的平均值只比1920年低5美元，此后就稳步上升，完全没受到1923年3月由峰位拉回的道琼斯指数的影响。在1923年年底，连锁店股票比3月份上升了50%。相反，化肥企业的股票在熊市期间保持了传统的做法，从而在1921年8月升到了最高点。从1920年初到1921年8月，化肥企业的股票大约下跌了67%。而在1922~1923年的牛市期间，它们几乎完全没有收益。1923年3月，化肥企业股票的平均值反而比1921年的最低点高出2.125美元。到了1923年年底，它们的成交价达到了四年来的最低水平。在这四年时间内，百货业股票正处在自己特有的牛市中，而化肥企业的股票则自掘腰包度过熊市时期。

1929年的群体行为

从1926~1929年牛市最后12个月的记录可以证明上面讲到的情况

并不是该变化中的两个特例。标准统计公司按不同的组群每周发布实用而详尽的股票价格索引,索引中所包含的404种股票被分为46个群组,其中11个群组的股票在有记录以来最大牛市时期的最后12个月中有所下降,6个最差的和6个最好的群组见表10-1。

表10-1 1926~1929年牛市期间表现最差的6个和表现最好的6个股票群组

群组	1929年8月	1928年8月	变化	变化率(%)
皮革,4只股票	117.4	182.1	-64.7	-35.5
人造丝,5只股票	127.5	170.1	-42.6	-25.0
化肥,4只股票	92.8	120.3	-27.5	-22.9
羊毛及羊毛制品,4只股票	81.3	96.9	-15.6	-16.1
服装,8只股票	117.9	137.7	-19.8	-14.4
驱动设备,9只股票	83.3	96.4	-13.1	-13.6
化工,9只股票	342.5	180.8	+161.7	+89.4
办公设备,5只股票	388.2	200.8	+187.4	+93.3
燃气、电力,7只股票	330.0	163.1	+169.9	+104.2
采矿、熔炼,9只股票	337.7	164.4	+173.3	+105.4
电力设备,4只股票	419.0	180.4	+138.6	+132.3
燃气和电力,控股业,13只股票	424.6	173.6	+251.0	+144.6

这些指数是建立在1926年平均价格100美元的基础上的。6个最差群组中的34只股票在1926年牛市高峰期只以高于平均价格2.8%的价格卖出;相反,6个最优群组中的47只股票的售价,则比平均价格高出了274.2%。或许正如预期的那样,这47只绩优股在恐慌期跌得更快,但在1929年11月中旬它们仍然保持在高于平均价格96.9%的水平上,依然高于它们在1926年的平均价格,而34只垃圾股的价格则比1926的平均水平还要低32.9%。

股票市场的时尚

如同在日常生活中的其他领域一样,时尚在股票市场中也发挥着作用。在沃尔伍思公司和克莱斯基公司被介绍到纽约交易市场的投资和交易多年后,大众对这些企业的持续增长仍持怀疑态度。另外,这两家公司与其他公司有些不同,因为它们从不参与因为战争原因而产生的军需品和造船业的合同。它们只是年复一年地开新店,或者在旧店里卖出更多的商品以赚更多的钱。到了1920年,公众开始发现显著的商机,这两家公司不管经济环境如何,在数月内,其经济增长势不可挡。两家公司收益增长在1920年和1921年整年间持续,很自然的,在这一时期开始以投资为基础的,而且还没有分散到小证券商和投资交易者手中的廉价股票,没有跟随大盘下降的总走势。当大盘反弹时,沃尔伍思和克莱斯基的股票就处在了比一般股票增幅更大的位置上,此时它们变成了很多年后的交易热门股票。

社会公用事业的流行

不久之后,公众对公用事业类股的观感也出现类似的变化。属于公用事业的电车业陷入困境,电灯与电力业在1919年和1920年内,又没有从战后繁荣时期商品价格的暴涨中获得什么盈利机会。人们逐渐淡忘了电灯和电力工业创造的卓越纪录,他们的注意力慢慢开始转移了。到了1923年,商业的增长不再仅仅是追上了社会公用事业保障市场,之后,公众领悟到了公用事业股的优点,于是公用事业股变得备受欢迎,并且在1923~1926年的牛市中跻身到发行量最大的行列中。也许某些投机者会对一组有潜力的绩优股在数月甚至数年内不受青睐而感到困惑。但一些对价值敏感的分析家会买这种股票,并且会在手头保留,经历一段漫长而又令人沮丧的时间煎熬,而在这段时间内,其他所有股票都在上涨。经过了艰难的煎熬后，他的耐心最后会得到回报，但这种股票可能遭遇投机情绪变化无常的沉重压力。

行情对化肥股票的下跌也起了一定作用。直到1920年，美国农业化工和弗吉尼亚—卡罗来纳化工都是按照投资股票进行排名的。公众对这些在大萧条中遭受打击的公司的不幸经历反应迟钝。从股票下跌的高度看，有很多见识短浅的证券交易者准备买这些看上去好像要上涨的股票。他们在还没有真正改善收入和经济状况时，就一定程度地加入到了1921~1923年牛市的舞台上来。

管理因素

显而易见，一个聪明的投机者在他的经营过程中，必然要对大盘和某些特殊股票进行及时的考核。但是，他是否应该更进一步分析个别股票呢？个别股票和整体股票之间发生分歧走势的可能性有多少？从逻辑上讲，最后这个问题的答案是肯定的，因为所有股票绝对不具有同质性。证券交易者提议到把橡胶股票当成一类时，包括有专门制造轮胎的公司股票，以及生产橡胶靴公司的股票。这两种公司都受到原材料市场波动的影响，但在很多方面它们还受不同因素的影响。即使两个公司在同一性质的组里，它们的运营也会不尽相同。如在古巴不同地区的两个食糖生产商，一个可能遭遇工人罢工和干旱，另一个则在和平的条件下享受大丰收。

按类别而不是具体一一考察的公司股票，其实忽视了管理的重要性。再考虑两个副食品零售商，一个可能是绝对的个体经营，但是窗户上污迹斑斑，架子上堆满发霉的谷物；而另一个机敏的满脸带笑的商人经营，拥有的则是干净整洁的商店和新鲜库存。银行家会根据整个食品杂货贸易行业的地位来处理他们各自的信贷申请吗？

收获成功和失败

举一个极端的例子,如果一家公司即将走向破产的清算,公司股票对创造牛市的作用是微弱的。相反,它将会无视股市的下滑,继续保持跌落的势头直至在人们视线中完全消失。很多年以前,有人雄心勃勃地想制造联合果品公司的对手,它是由显赫的大西洋果品公司的董事会赞助的。1920年该项目开始扩张,首期发行了1000万美元股票,随后又发行了600万美元。尽管有庞大的经济资助,该公司也未能成功。当股票的价格从1920年20.25美元降到1921年不足2美元时,再也没有比之更便宜的股票提供给投资大众了。这使该股票在1922年毫无起色,最后完全淡出市场。相比之下,联合果品公司却一点也没有受到1921年熊市的影响,股票在1920年10月达到224.875美元的新高,这仅仅发生在100%的股息公布之前。在接下来的一年里,股息达到了95.74%的最低点,换成旧股票的价格等于192.5美元。从这个最低点开始,该股票稳步增长到1926年2月的另一个高峰和1927年的新高。那些精确地跟着大盘走的证券交易者,就既不会在联合果品公司,也不会在大西洋果品公司的股票交易中获得显著的成功。

王子与乞丐的行业

如果读者认为上述情形都是极端特例,那我们来考虑在大多数基础行业中都存在的两个主导因素的案例。伯利恒钢铁公司和美国钢铁公司是美国国内最大的钢铁制造商,它们的股票跻身于纽约交易所最活跃的工业发行股中。钢铁行业很久以前就被看作是"王子与乞丐"的行业,因为该行业的管理状况总能摆动在繁荣和萧条两个极端之间。出于这个原因,钢铁股也较大程度受制于价格的波动。在一个真正的熊市中有一点很确定:活跃的股票会下跌。我们可能会期待在一段时间内这些主要钢铁公司的股票波动会同步发生。看图 10-3，你会发现一个有趣的分歧。在 1920 年高峰期时，卖出的两种股票都高于票面价格不到 8 美元；而两者都随着在 1921 年达到顶点的熊市的发展而暴跌。伯利恒公司比其他大公司下降得更快。1921 年 6 月两者的价格都达到了最低谷，一个是 41.50 美元，另一个则是 70.25 美元。

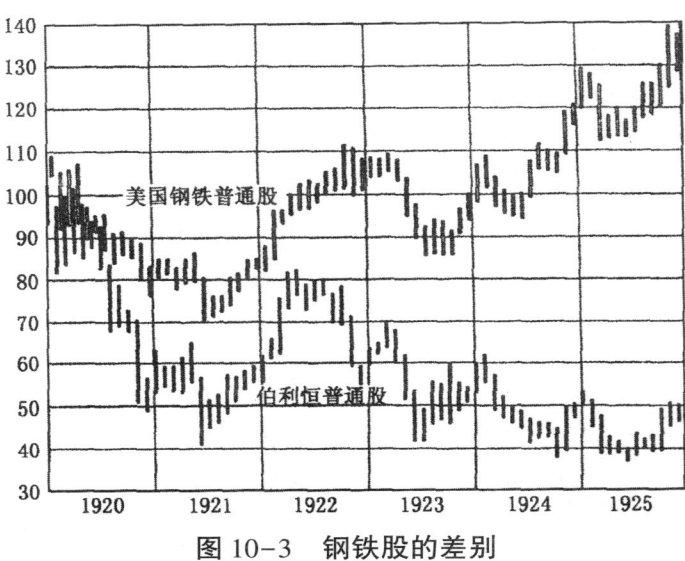

图 10-3 钢铁股的差别

价差扩大

1921 年熊市结束后，伯利恒钢铁和美国钢铁公司逐渐恢复元气。但伯利恒钢铁在 1922 年 5 月就达到了 82.25 美元的高峰，很早就失去了股价上涨的可能性。这种情况在美国钢铁公司一直持续到当年的 10 月，并达到 111.5 美元的高峰。在 1922 年和 1923 半年的平衡期，这两种股票的走势都是在下跌。伯利恒钢铁在 6 月份达到低谷，美国钢铁公司则在 7 月份，分别是 41.75 美元和 85.15 美元。值得注意的是，虽然两只股票的价格水平开始时相同，但在转折点两者相差 43 美元。在

1923年的下半年，出现涨势较小的牛市，两家公司的股价都在1924年2月都达到顶峰，在这一点它们已经相差了46.875美元。

追踪这些股票的进一步变动是件繁琐的事，而这些都在图中被描绘出来了。当两只股票大部分时间朝着同一方向发展时，它们的变化速率却不尽相同。美国钢铁公司的总收益超过了损失，所以总走势是上涨的。伯利恒钢铁的情况却正相反，从1920年1月的两只股票相差不足7美元开始到1925年9月的相差88美元收盘，但两种股票大部分时间像道琼斯指数指示的那样，还是朝一个方向变动的。对于某投机者来说，他选哪种股票作为他交易的工具将会有很大的不同。

1922~1925年伯利恒钢铁的下跌很大程度上表明持股者对财产变动这个冗长过程的烦躁，它成功地把股票带到了相当于1929年143.375美元的水平。即使这样，其从1925年最低37美元开始的上涨也要比同一时期的钢铁股上涨得更多一些。

价值研究

要想成功，投机者需要了解的东西不仅要比决定市场走势的宏观条件多很多。他还必须知道很多东西。必须要评估个人保障的价值，必须了解很多不同的商业运作，必须了解橡胶市场的常规交易手段，明白食糖市场体系，熟知公用事业中的贬值效应，关注吨英里的重要性以及其他铁路运输的技术。

最重要的是，他必须了解什么是会计，学习财务报告，就像银行家审批那些信贷申请一样细心，虽然是从一个不同的角度看这个问题。确定股市走势这个问题对一个投机者很重要，但它不应该比明智地选择投机工具这个问题更重要。

第十一章　如何解读资产负债表

财务有其自己的"静态"和"动态",前者是通过资产负债表诠释,后者则是通过损益表来体现的。

资产负债表表示某一时点上企业的财务状况,列出了该时点上企业的各项资产和负债额。一般来讲,时点的选择在一个会计年度或少于一个会计年度的最后一天结束时,通常在实际中,任何一家企业在一年之内至少要清点一次账务,否则就违反了企业所得税法。更有甚者,一些企业家要随时知道自己的财务状况,因此他们选择每个月或每个季度结一次账。由于在一年里每个月的时间长短不同,一些企业的管理者将一年等分为13个四周。企业经理人随时可以查阅这些一个月或四周的期中报告,但是对于普通大众来说,他们最多只能一个季度了解一下企业的状况,而一些大型企业更是一年才公开一次财务报告。

为何资产负债表能够平衡

资产负债表最奇妙的地方在于,它的左右两边——资产和负债的数额是相等的。相等是企业真正拥有的财产是资产中债权人没有追索权的部分,也就是企业的净资产。如果一个企业是公司制的,则企业的净资产主要由一种或者多种初始表示各个类别的初始股权，这些股权不是按照名义或面值计算的，而是根据股东初始投入时的价值计量的。如果初始投入由于管理得当而增值，则在净资产账户中会产生另外的项目，即被称为损益、未分配利润或盈余。

现在放在作者面前的是，莱哈·波特兰水泥公司在1929年11月30日的资产负债表，它非常适合作为一个分析的例子。在这个例子中净资产的账户有四个：21119110美元的优先股；22517400美元的普通股；1913年3月由于矿产资源升值带来的410138美元未实现增值；盈余公积8424385美元。优先股的面值是100美元，普通股的面值是50美元。属于所有者的211191股优先股和450384股普通股的净值就是这四部分的总和，52471023美元。假设这家公司在1929年11月30日解散，偿还所有债务后，理论上就会剩下这些钱供股东分配。

公司清算会发生什么

如果公司清算，两个级别的股东不会平均分配股份。根据协定，优先股有一定的优先权。优先股被定为每股110美元加上普通股股息，每股110美元其总额就等于23231010美元。如果波特兰水泥公司资产真的按1929年11月30美元的股本净值那样结算，那么将会有29240013美元可供普通股股东分配。这会达到每股64.92美元，这样我们有了理论上的普通股股本净值。那么值得一提的是当波特兰水泥公司普通股在1929会计年后售价为39美元/股时，这不由使人们怀疑我们计算的实际价值是否正确。

波特兰水泥公司的资产负债表是一个很好的例子，可以用它做更详细的分析。为进行比较，我们也列出上一年的资产负债表（见表11-1）。

表11-1 莱哈·波特兰水泥公司的资产负债表

单位：美元

资产		
资本账户：	1929年11月30日	1928年11月30日
土地、建筑、机械装备的成本	48501299.62	47093428.19
较少的储备折旧费用	18724684.71	16767107.20
两者相减	29776614.91	30326320.99
矿藏/较小的消耗	1682583.18	1729808.17
合计	31409198.09	32056129.16
投资和增长：		
附属公司和子公司的投资及增长，不是合并的公司	2986927.41	3114481.22
美国政府义务投资的工人保险赔偿金	325343.00	314729.82
未发行股份——普通股的票面价值	65950.00	30700.00
库存股票和债券，以成本价计	84429.44	107520.44
合计	3462649.85	3567481.48
流动资产：		
现金	3929544.84	5057284.97
活期借款	8000000.00	2500000.00
自由贷款债券和美国财政部债券以成本计	1258500.00	5158500.00
运转资金及增长	203569.84	166190.64
应收账款和单据，扣除折扣储备金和可疑账目	1277325.10	1745376.56
库存成本或者销售（去低值）	4204283.72	4645452.45
合计	18873223.50	19272804.62
延期费用：		
未分配的费用	1296082.96	1041282.25
预付保险费	30918.38	56637.53
合计	1327001.34	1097919.78
总计	55122072.78	55994335.04
负债		

股本 累积优先股 7%：		
法定股本——300000 股，每股 100 美元 发行——225174 股 回购 合计	22517400.00 1398300.00 21119100.00	22017400.00 820700.00 21696700.00
普通股：		
法定股本——60000 股，每股 50 美元 发行——450348 股	22517400.00	22517400.00
流动负债：		
应付账款 应付工资和税金 联邦所得税准备金 应付股利 合计	642678.24 302140.06 315158.85 650129.25 1910106.40	775059.24 316952.43 556317.82 662137.50 2310466.99
准备金：		
可回收棉帆布包 赔偿和火险准备金 总计	152555.91 588387.32 740943.23	226812.54 489663.63 716476.17
1913 年 3 月 1 日评估的矿床		
未实现的增值	410138.89	429160.58
盈余	8424384.89	8324131.30
合计	55122072.78	55994335.04

  这里应该指出，资产和负债类别已经被严格分类的。第一类是财产账目，就是所谓的"固定"资产，这一项已经说明得很详细，几乎已经不必多做评价。成本作为明确完善的资产计价的基础，在设备账目上指出将会很有用。然而财政报告中并不总会给出计价的基础。对照两个报表我们看到波特兰公司在这一年里为了提高它的设备账目花费了 1407872 美元，但是所列的折旧费用很高，使得厂房科目的净值反而减

少。矿床包括公司的石灰岩和其他被用在水泥生产上的岩石,已经提到"潜在增长"的存在表明矿床的重新估价标志着第一个联邦政府所得税实施的开始。除了这个重新估价外,就这家企业的规模来讲,这样的增长还是很小的。

固定资产的不确定价值

仅仅固定资产这一项,大致就相当于对于李海水泥公司净值的60%。这里我们有明确的理由来解释账面价值与市场价格间的差异。固定资产可能相对地还没有运用到生产中,举例来说,一家公司可能会发现有必要投巨资取得原材料供应来源,而这并不需要公司立刻建立该材料的生产线。更常见的固定资产账面价值是以公司成本或按照公司设备在损耗以至于不能完成任务的情况下估算价值来计算的,某已经没有业务往来的旧工厂通常是一种价值不确定的资产。比如,新英格兰棉花制品厂,想重新投入生产要花上百万美元来更新落后的固定资产,长期以来在股市的股价为零。对这种现象的解释就是即便有投资者手里握着这几百万美元现金,他也不会去考虑投资一个好多年都没有给企业主带去利润的棉花制品厂。

当固定资产变得重要

有时固定资产的实际价值要比账面价值高得多。1925年土地非常吃香的时期,某化肥厂可以高价把已采尽磷酸盐的土地卖给佛罗里达州。管理保守的工业公司通常大大低估那些能够生产高利润产品的工厂的价值。至于费率要受法规管制的公用事业公司,同样也受到法律的良好保障,它们有权享用和管理层一样的资本回报率以赚取利润。美国铁路作为一个整体,理论上来讲根据运输法案它拥有 5.75% 的资本回报率,如果它们赚得更多,那么多余的金额就要同样被法律"收回"。因而在铁路公司和公用事业公司中固定资产的价值是估算它们债券价值的一个重要因素。相反，对于工业公司，其固定资产的账面价值就不那么重要了。

某些不可确定的价值

在波特兰水泥公司资产负债表中，固定资产下面的一项名为"投资和增值"的项目，该项目中包含的金额最大的一项是对关联公司的长期投资和给关联公司的贷款组成。报表并没有给出这些证券和贷款的实际价值。账目价值可能是凭主观意愿过高估计的价值，或者低估几百万美元。如果该项目就像许多公司的账单上写的一样只被称为"投资"，那么我们依旧会晕头转向，只知道它可能会包含销路很好的高级证券。"职工赔偿保险金"这一项目是为在州立员工意外赔偿法范围内的意外伤害赔偿留出的资金，相对应的条款出现在债务一侧，和另一项储备金放在一起，储备金的数额是由公司以前的事故经验来确定的。库存股份是在股市上购买的自己公司的股票，它可由公司董事决定是否再出售。"以成本价出售的股票和债券"可能是销路很好的高级股票或是储备金。这种情况下，它的数额就不是很重要了。

总的来说，这一类财产的价值在分析师眼里可能会大打折扣。或许这几个科目里隐藏了巨大的价值，但是在没有明确信息的情况下，分析师宁肯相信自己而不是公司报表才是谨慎的做法。

即便是现金也不见得有用

流动资产也叫"速动"或"流动"资产。理论上，这些资产可以在较短的时间内兑换成现金。这类资产中的第一类就是现金本身。它由银行存款和办公室保险柜中的少量钱款组成。一家大公司可能会在全美的好几十家银行都有存款，小公司通常只会把它的钱存在一两家银行里。存款通常是良好的资产，一块钱就是一块钱。但是对于一家信用状况不是很好的公司，它的账户上就会有一定的附加条件，这样它的现金就不是100%的流动资产。那些依赖于公布报表来知道自己账户状况的投资者或投机者就绝对不会知道他自己情况是这样的，如果其余的报表还令人满意，那他就会毫不犹豫地认为他的现金项目是非常完善的。

"活期放款"大概代表公司为在股市买到足够的抵押证券而向华尔街经纪人账户预付的金额。无论是活期放款、活期贷款还是美国政府证券都可能被当作等额的现金用来分析财务报表。

"流动资金和增加的费用"可能包括办公文具和用品、预先付给业务员的支出款项和类似的相对繁琐的项目组成。这一项目产生的总金额一般较小，不太重要。

客户信誉度

在波特兰公司资产负债表的下方有两个条款放在一起："应收票据"和"应收账款"，如果把它们分开记录会更好。应收账款是客户欠公司的金额，生产商是不会以货到付款的支付形式将大笔的货物卖给批发商或零售商的，而是将大部分赊购出去。生产商通常会以这样的条款卖给批发商货物，"10天2%，30天净头"之类条件出货，这意味着客户如果能在十天内付款，可以节省发票金额的2%，如果是10天之后30天之内付款，就要支付全额。那些在过去欠款没有超过30天并且总能够迅速付清货款的客户就是公司的稳定财产。对于超过30天的账款，就要动用储备金，并在公布财政报表前将其从应收账款中扣除。如果过期账户也包含在内，很显然就不如已做过销账的更具流动性。查看公布的报表时证券商根本不需要知道这笔应收账款是不是保守账目。如果和以前的损益表相比，它的上涨比业务增长呈现出更快的趋势，那么他就可以怀疑它是否保守。然而在波特兰水泥公司的账目中显示了1929年的一个正常的下降。

贸易惯例的一个问题

"应收票据"是企业因尚未到期兑现的货款而持有的票据。某些贸易中的客户习惯于售出货物后开收据而不是把它记在账本里，比如农民早就习惯为购买的化肥和农具开收据了。然而，货物售出后开收据并不是贸易惯例，应收票据通常是那些不容易收回的账目。这种情况下，当债务人比较着急，通常就会开出收据作为善意的依据。显然这些收据不是客户欠下的抵押债券。应收票据也可以用来表示某公司职员或雇员的预付款，因而这些收据不是流动资产。

在另一张报表中的"预付款"表示向原料供应商将要供应的原料支付的预付款。在古巴食糖行业中很多甘蔗都是由糖农签合同种植的，合同规定他们以价格按比例增加的基础向最近的糖厂供货。很多糖农都是由糖厂资助的，"糖农预付款"通常成为古巴食糖厂的资产负债表中比较醒目的一个项目。类似的惯例在其他行业中也一定程度地通行着，问题是这个项目到底有多重要。

存货账目

流动资产的最后一项是"存货"。这在行业资产负债表上通常是最重要的一项，尽管它通常不会占报表很大金额。存货的一个同义词就是"商品"，有关生产的详细报表中会列出原材料、在加工货物和已生产货物的相关信息，但是这些详细的信息很少为普通公众所知道。

存货账目总是由那些管理保守的公司列出。它们通常按"成本或市场价两者中的最低价"列出来的。如果某公司一直使用的原材料已经上涨了很长一段时间，那么资产负债表就要把它的真实价值低估很多。有些公司则更保守，直接把价格估计在实际市场价以下。一些新英格兰工厂已经把它作为惯例，比如，美国国家铅业公司（现为北美公司）也采取类似的政策，一直以低于近几年市场最低价的水平来估算其铅存货。很明显，在资产负债表中的存货项目中有时可能会存在很多"隐性资产"。

商品市场的价格起伏

过度强调公司存货的增值，并视为股票操作的利多因素，这种态度通常是不正确。如果某一原材料由于临时供应不足而涨价，通常的后果就是价格的相应下跌，这样就会把上涨产生的额外利润洗劫一空。1925年天然橡胶价格从40美分/磅一直涨到1.20美元/磅，即便如此，却没有给天然橡胶生产商带来真正的好处。已加工的橡胶产品并没有与原材料价格上涨保持同步，相反，1926年橡胶市场价格的下降已远远抵消了1925年的额外利润，因此稳定的市场情况下经济才能得到最好的发展。

如果投机者不将存货可能的增值看得太重，那么接下来他也应该合理地估计可能出现的存货贬值。其中的原因不仅仅是市场的变化，还有陈旧货物的积累。如果在管理上敷衍了事，那么很可能旧的、过时的货物就要累积。当一个著名的干货批发商店几年前破产了，我们就会发现他货架上的货物都已经过时，或者实际上几年前就已售不出去了。因此那些存货很可能比账目价值要低，这不仅是由原料市场价格下跌造成的，也是由无销路的货物累积造成的。

平衡存货的重要性

从生产角度讲，引起存货实际价值紧缩的还有其他原因。假设生产过程简单到只有四条流水线，索性把它们命名为A、B、C和D，它们的比例为2∶1∶5∶1。进一步假设从存货目的来讲A价值39美分，B为1.18美元，C为42美分，D为68美分。显然每一个不同的部分本身并没有什么价值,它们必须合在一起才能出售。如果该工厂的管理很有效,每部分的存货量与这些货物的使用量直接相关。然而也可能管理层效率较低,假设它的库存有 200 个单位的 A,300 个单位的 B,500 个单位的 C 和 400 个单位的 D。这样存货的计价为 914 美元,而实际上在这些部分中只有价值 267 美元的不见存货才能用来生产出 100 件产品。按实际情况来说,其余的存货在时间上都没有价值了,只有花上大笔资金,根据适当的比率,补充额外的零件后,原来的库存才会变得有价值。很明显有很多原因可以解释存货的账面价值容易紧缩,如果没有这些一般证券交易者做不出来的详细分析,我们就不可能说出这些存货到底有多易变。为谨慎起见,我们应该在分析存货价值时留出足够的宽裕度。

列入资产的费用

"滞纳金"是一种预先支付的营运费用。"不能吸收的剥离费用"毫无疑问地表示,除去土层和其他覆盖在水泥岩上的废弃物的成本。每年在这上面花掉的钱可以用来开一个可供石匠使用 15 年的采石场。因此,这种成本会可以用总成本除以预计吨位,那么就算出了每吨的固定成本,把它作为未来几年内该原材料的成本,并用来抵消资产账目,这项资产对将来肯定有价值。

如果在资产负债表做出来一个月前根据保险政策支付为期三年的保险金,那么很明显投保人在那天只收到了 1/36 的保护,剩余的 35/36 在理论上就被认为是一种资产。波特兰水泥公司的厂房很分散,发生火灾的可能性很低,因此公司自行承担火灾风险,正如负债表中的项目所表示的那样,它是通过传统方式来付保险金的。

资金收回

在负债这一边,净值的我们已经讨论过了。我们可以看到波特兰公司的优先股中包含了退出资本。其他的资产负债表揭示出大公司每年至少要退出占上市股票最大量的1.5%的资本,直到1929年11月30日,它至少自动退出了规定额两倍的资本。优先股的逐渐退出当然会提高普通股的地位。

流动负债是一年内确定应该偿还的债务。这一类项目包括"税款准备金""应付票据""应付账款""应计工资",偶尔还会有其他项目。其中"税款准备金"是公司唯一无法精确列示的项目,但可以估计得非常接近。税款准备金和其他准备金不同,不只是一种会计科目而已,实际上是很明确的债务。应付票据代表向银行或其他人借的钱,通常是两个月到六个月内到期的债务。"应付账款"是指购买材料和消耗品产生的欠款。"应计工资"这个项目的名字即解释了其含义。偶尔也会有其他项目会在流动负债部分出现,比如雇员存于雇主处的储蓄存款。

折旧储备金是一种债务

尽管折旧储备金出现在波特兰水泥公司报表中"资产"那一面,但它也是以从资产中扣除的形式给出的,同样它也应该属于一种追加债务项目。很明显在那种情况下,"资产"和"负债"两栏的总计应该是比1929年的报表多了18724685美元。无论以哪种方式来对待处理折旧,了解它到底有多大的误差、关注每年的波动都是很有用的。

根据会计条例,波特兰水泥公司开始把它的固定资产建立在成本价上。随着设备、厂房变旧,它每年都要动用一部分储备金用来更换折旧设备。财产中主要设备的更换费用是按服务收费的,这与直接计入操作费用中的小维修费用不同。在 1929 年财政年中，波特兰水泥公司的损益表表明它的设备折旧费用为 229.2205 万美元。对比资产负债表，这个数字与 195.7577 万美元的折旧储备金增加额之间的差额应该为 33.4628 万美元——加上报废设备的残余价值和其他财产（未更换的设备）——那么损益表中总折旧储备金的增加不是以流动资产增加的形式出现就是以负债减少的形式存在。

如果某公司并没有为设备折旧留出足够的储备金，它最终将面对破旧的厂房和陈旧的设备，根本无法和它的竞争对手相抗衡。另一方面，公司为折旧留出太多储备金可能会形成大笔的"隐性资产"，这样的数字就是投资者需要仔细研究的。

"包装袋回收金"是水泥行业特有的一种储备金。水泥厂通常会以每个水泥袋 5 美分的价格回收那些好的水泥袋。无疑波特兰水泥公司在 1929 年 11 月 30 日回收的 300 万只左右的水泥袋，多数都被丢失、毁坏或被用来装其他东西了。这部分袋子对应的那部分储备金最终会计入盈余。至于"赔偿险和火灾险储备金"在此之前已经讨论过了。

其他储备金

除了折旧储备金外，公司还应该建立其他储备金。如果原材料市场不够稳定，为谨慎起见，就应该建立"应急储备金"以应付存货价值紧缩的威胁。这种储备金既可作为一种债务，也可直接从存货账目中扣除。如果是按照后面这种情况来处理，报表中就应该清楚说明。如果公司厂房分布的很分散，那么设立自己的火灾保险或者责任保险准备金是非常经济的。雇员福利系统仍需要另一种储备金，如果管理层想在偶然的检查中掩饰其不同寻常的繁荣，就可以完全凭运气不以任何特别的名义建立一些其他储备金。储备金账户可以表示为抵消财产储备金、应急储备金、预期债务储备金和隐含净值储备金。

公积金作为一种净值账目已经提到过。在波特兰公司 1929 年的资产负债表中，公积金的金额相当可观，为 842.4385 万美元。报表中的公积金随处可见，其本并不足以揭示这一有趣的事实，公司合并所需要的资金会降低普通股的现金股息，除非收入盈余仅次于 1927 年 5 月 31 的收入。在 1927 年的整个财政年中，扣除股息后的盈余为 254.4233 万美元；1928 年和 1929 年的总和仅为 187.2854 万美元。因而普通股股东所得和 1929 年 11 月 30 日的现金股息支付之间存在的差额是 441.7087 万美元，而不是 842.4385 万美元。因而从那以后，公司并没有赚到利润留给普通股，为保护优先股股东利益，差价已经被"冻结"了。

流动负债

流动负债是指在一年内肯定能偿还的债务。在这类债务中包括税款、应收票据、应收账款和应付工资，有时候还包括其他项目。税款储备金是这些项目中唯一一种不能十分准确列出的项目，但是它可以被估计得很接近。和其他储备金不同，税款储备金是唯一一种簿记式项目，也是一种很明确的债务。应收票据为从银行借来的资金或其他为期 60 天~6 个月的借款，应收账款表示购买和供应的欠款。顾名思义，应付工资就是应付员工的酬劳，在雇主和雇员之间的活期存款账户中，偶尔也会体现出一些流动负债。

概况

资产负债表只是代表某一时刻的情况。分析者不要忘记，如果晚几周再做报表，那么情况就大不相同了。当然，精明的企业家会清楚认识到这一事实，也会或多或少地"故弄玄虚"，使报表自然一些。公司也经常对财政年进行调整，使其与日历年相区别，这样财政年的年末不会处在经济萧条的时间里。比如某蔬菜水果罐头公司，可能会选择将财务年度的结束时间安排在晚冬，也就是其大部分商品已经卖完了的时候。

此时它的银行贷款额会最低，它的现金和应收项目最高。财政年调整还有另一个原因。检验少的存货量要比检验多的存货量更容易些，而且在季后出现的误差会更少些。

流动比例

守旧的银行家拿到某贷款申请人的资产负债表后，会首先比较两项：流动资产总额和流动债务总额。如果两者之间的比例为2：1或是更高些，那么银行家很可能会发放贷款。采取这个标准的原因并不难找，流动资产在被迫变现时会很容易减值，而流动负债只会在破产时才减值。如果流动资产是流动负债的两倍，那么安全空间就会很大。1924年弗吉尼亚—卡罗来纳化工公司的周转资金比为1.88：1，被迫结算。在当时情况下，其来自农民的应收票据占流动资产比例更大，而这些应收票据是可兑换为资产的。

如何美化报表

用流动比例作为公司实力的检验标准还有其他很多不足之处。假设某公司有价值1000万美元的存款、400万美元的应收账款和100万美元的现金，而它的流动债务为1000万美元，这里我们的流动比例为1.5：1。几个月以后，公司可能会卖掉价值500万美元的存货并收到现金货款。如果这笔货款用来偿还债务，那么现在就会有1000万美元的现金资产和500万美元的流动债务。我们可以注意到，只要在资产负债表两边同时减少相同的数量，这个比例就会有所改变，将商品转化为现金或应收账款通常就不存在利润空间了。这就是公司为什么在经营淡季而且存货最少的时候，结束其财务年度来展示其最好的状态。另一种不道德的做法也可以取得同样效果，公司可以出售部分应收账款换取现金，或者私下里伪造部分库存或存货账目，并不把它们计入总账中。

周转资金要求不同

流动比例不能令人满意还有其他原因。有些行业中并不需要大笔的流动资金，比如某连锁饭店就是以现金交易的方式经营的，也只购买几天的存货，该饭店并不需要赊销，无法保证几个月的原料供应或提前几个月把饭菜做好以满足季节性需求，这样也就不需要大笔的周转资金。又比如一家公用事业公司打算投资1000万美元用在建设计划上，如果就靠卖掉债券或优先股来筹集所需资金是很不明智的。只要公司的收入马马虎虎并且它的银行信誉良好，那么向银行贷款以保证工程进展就会很合适，等工程结束后再偿还这笔贷款。流动比例或周转资金的情况对分析繁荣的公路或公用事业公司并没有什么特别的重要性。但是当收入能力下降，不可能筹集到长期资金时，它就会变得很重要了。

流动资产的内在结构

很明显，流动资产的内在结构是非常重要的。我们引用一个极端的情形做例子，假设某公司有100万美元的现金，它用30万美元的应收账款和20万美元的存货，流动债务是100万美元。很明显这个1.5∶1的比例要比拥有20万美元现金、50万美元应收账款、130万美元存货和同样数额债款的公司的流动比例情况要好，尽管后者报表上呈现的流动比率的二倍。

在将商品转化为应收项目时我们已经提到了利润因素。如果价值1500万美元的存货以33.333%的利润率出售，并且资产负债表没有其他变化，显然如果在流动资产增加50万而流动债务不减少的情况下，流动比例就要被提高。另一方面，这两个连续的资产负债表中，商品数量会增加而应收账款会减少，结果使流动比例改变。在经济循环的某些阶段中这样的变化绝不意味着公司的不健康发展。根据这些事实，在评估应收账款和存货的比率时，应该考虑这些因素。

所有者和债权人

对于投机者和投资者来说，另一个很重要的比率是所有者权益和负债的比率。如果一个公司的流动债务加上长期债务等于资产净值，那么债权人就要和股东冒着同样的经营风险。如果债务和净值之间的比例为2：1，那么债权人的风险就要远大于股东的风险。除非收入能力稳定，否则这种情况对债权人是不利的。如果负债和净值严重不成比例，债权人实际上控制着公司，那么管理层就没有什么实质权力，危难关头的重组也在所难免。在这种分析中，净值的市场价值比账面价值更重要。债款与自有资金或债款加优先股与普通股的严重不成比例对投资——高级证券的投资者是一个危险信号，在一定情况下它会给投机者带来机会。如果这种情况下的公司收入能力开始有所改观，则股价会大大增加。美国水利工程和电力公司就上演了一个经典案例。其10万股股票在1921年股市低谷期时价值40万美元，于此形成强烈对比的是其高级债券的价值超过了1500万美元。在四年内，公司收益能力并没有表现出惊人的增长使其股价从4美元涨到相当于80美元的水平。

除了上面提到的比率外，还有很多比率对资产负债表分析很有用的比例系数。它们大多与损益表相联系，我们将在接下来的一章中进行讨论。

第十二章 如何解读损益表

如果说资产负债表代表某特定时刻的状况，那么两张资产负债表就可以显示出一段时间的始末情况。损益表逾越了这个距离，并提供了分析一段时间内经营状况的信息。即使没有损益表，也可以通过比较两张资产负债表得到大量的信息。下面这个例子是一家制鞋厂在所属专卖店的销售情况（见表12-1）。

表12-1 资产负债表

单位：美元

	1925年	1924年
资产		
房地产设施等	676384	633594
无形资产	2500000	2500000
预付款	27613	—
应收抵押收据	138000	144500
应收资产收据	39721	45616
存货	1278633	1274882
现金	646470	558340

广告支出	38094	70642
人寿保单	83472	78317
合计	5428387	5305891
负债		
普通股	2000000	2000000
优先股	2029800	2029800
1月2日应付股息	35521	35521
应付款	80677	63725
缴税储备金	16592	96000
前期债务	145631	129465
盈余	1120166	951380
合计	5428387	5305891

也许分析师在这些报表里面第一个要寻找的就是净资产账户的变化。在这一年中，流通在外的普通股和优先股并没有变化，但是盈余增加了16.8786万美元，盈余的增加只能通过两种途径实现：资产的增长适度，并且这种增长在健康发展的企业中是可以预计的，保持期间营业利润和发放部分资产再评估或累积储备金就是两种可能的选择。唯一的储备项目是为政府税收而储备的金额，它显示出连续的降低，表明部分不确定的储备金可能已转为盈余。但是很可能16.8786万美元的盈余增加是从市场利润而来。

我们无从得知企业总利润是多少，并且很难预计在股利中未付股东的部分。我们容易得到这样的结论，优先股的分红是有规律的以7%的比例偿付，1月2日应付股息项正好是绩优股总量的1.75%。

商誉的价值

在上述资产负债表上有一两项在先前章节是无法解释的，因此在本章我们对其进行评论。商誉是一项纯粹人工评估的非物质资产，它是用无形的名义金额，通常为1美元，对非物质资产、商标、专利权和类似无形资产的保守估计，但是如果公司股东希望看到这类科目的价值高一点，这毕竟也是他们自己的事情。分析师要么漠视无形资产，要么认为公司对于自身价值的较高评估是不合时宜的。"应收抵押票据"为公司销售某些固定资产时承担的抵押；"广告支出"仅仅是某期间内的支出项目；"人寿保单"表示包括公司运营和可支付给受益人的保单现金金额。

财力雄厚的印象

除了无形资产项目，这份特殊报表也让我们看到了企业的实力和繁荣。流动资产与流动负债的比率从5.77倍提升到7.07倍，而且流动资产的组成也有了改观。存货的轻微增长、账目和应收票据的下滑不仅仅实现了实际现金的增长。纯现金与所有负债的比率从1.72倍增长到2.32倍。应收抵押票据项目的轻微下滑表明抵押人正按票据进行分期付款，尽管其并不是流动资产。

真实的损益表很有价值

如果通过比较资产负债表可以了解很多关于1925年制鞋公司的经营状况，那么仅仅从一张实际收支报表中也可以得到大量信息。公司的销售收入、经营费用、非经营或其他收入、税收、折旧、贷款利息、净收入和分配情况都关系到投机者或投资者的利益。许多公司在公布年度报表时只公布其资产负债表，即使是那些公布损益表的公司也省去了报表中的很多细节。不过，证券市场中的参与者要熟悉损益表。表12-2是来自雷明顿兰德公司公布的关于其普通股的详实报表。

表12-2　　损益表

单位：美元

	1929年3月31日	1930年3月31日
净销售	63291623	64180507
扣除：经营成本	29493322	28137825
纯利润	33798301	36042682
扣除：销售和管理支出	27732132	27124845
结算	6066169	8917837
加上：杂项收入	375906	797584
折旧、利息和税前净利润	6442075	9715421
扣除：		
折旧准备	1591497	1652516
利息费用	1444053	1299504
税收准备	407032	705774
合计	3442582	3657794
净利润	2999493	6057627
扣除：少数部分		
利息	71726	17071
盈余账利润结算	2927767	6040556
营业盈余账目		
年初结算	514820	2053379
加上：上一年的利润	2927767	6040556
合计	3442587	8093935
扣除：红利		
第一红利	1135405	1126243
第二红利	253802	226106
普通	—	1201107
合计	1389207	2553456
年末盈余	2053380	5540479

如上例所示，损益表显示的第一个数据经常是销售总额和收入总额。公司账簿中的这笔收入来自公司因产品销售或服务回报向顾客收取的费用，它可能在某些例子中已经被逐条列出。如果一家公司生产橡胶鞋、轮胎和机械橡胶制品，我们就会对全部支出按什么比例分配感兴趣。铁路部门通常将其收入分为货运、客运和其他收入。有时将"其他收入"分为邮件、快递收入等项目。

商业折扣

在我们选择的典型案例中，报表的第一项是"销售收入净额"。如果总销售已给出，第二项将是"折扣和折让"，这样余额才是"销售收入净额"。客户支付现款的折扣与退货的折扣组成了从总销售中扣除的第一部分，购买商品的折扣在很多商业行业中会有所不同。这样挣得的折扣在雷明顿兰德公司的报表里可能被包括在"杂项收入"中。管理良好的企业总是有它们自己的贸易折扣，总能为各条生产线带来可观的附加利润。

用来支付原材料、劳动力、电力和其他项目的支出总和是经营支出；另外，产品生产出来后，它们必须卖出去，但这些商业过程的监管需要很好的安排和组织，这也是一笔很大的开销。就像在本例中，它们被列在"销售费用"和"一般支出和管理支出"中。从净销售中扣除总体营运支出，得出"营业净收入"。

"杂项收入"项目，也被称为"其他收入"，包括不可直接归于常规商业营运的所有收入。有价证券的利息和分红，包括在其他收入项目中。

扣减利润的费用

要从收入中扣除的费用包括证券的利息、短期借贷、折旧费和政府税收。因为地方税收要根据财产价值而非营运结果来评定，所以它们同劳动成本和原材料成本一样属于营运成本，政府税收按照净收入扣除，因此组成一个直接营运支出下的费用项目。折旧是会计中一个很重要的项目，如果一个公司以前扣除了足够的资产折旧费，那么它也许能够在效益不好的年份少计一些折旧费以便使财务报表更体面，临时的接待或筹集资金利息是另一项间接与营运关联的支出。所有者提供的充实资金将会确定支出的额度。

税后净收入的核算

当联邦纳税准备金公布后，对可能存在的隐藏利润进行检查，这时在华尔街会流传许多关于一些大公司的小道消息。根据当年的收入税收率进行分配，某一年的财政收入税收储备金应该与折旧后净收入的纳税相一致。如果某公司给政府的报告收入比给股东的报告收入高，那么研究者将怀疑公司的会计部门在结账时比在财政部规章允许的程度下更加保守。

雷明顿·兰德公司1930年的报表中，在11%的税率下预留了705774美元。这表明税收收入为6416127美元。将其与公布的利息与折旧后净收入的6763400美元相比较，这个差额并不重要，因为一家公司可能有相当多的非应税所得，比如从其他公司股票中分得的红利或者允许像进出口税这种项目的扣除。

综上所述，所有的费用，有的是必须支付以偿还公司债务，有的是为遵循适当的管理政策采取的准备，当这些费用都记录后，余额即是当期的盈余利润。它要么被公司作为盈余收入存留，要么分配给股东。管理有方的公司通常在商业中再投资，雷明顿·兰德子公司中的少数持股者信奉"少数股权平衡"的原则，他们所分享的子公司利润在计算可分给总公司优先股和普通股股东的利息时已被扣除了。

销售额趋势

损益表中有许多要点值得分析。从报表的开头，最容易吸引大家注意的项目是销售额。一个管理有方的公司每年有着大笔的业务往来，很少有哪条生产线的利润会比上一年的少，虽然曲线稍微有点不稳定的波动，但总趋势应该是一直上升的。一种决定曲线的简单方法就是比较加权平均值和算术平均值。假设一个以 5 年为周期的公司报告了如下的销售额状况：第一年 3835 万美元；第二年 2970 万美元；第三年 4820 万美元；第四年 5615 万美元；第五年 3680 万美元。乍一看很难说明销售趋势是否真实，而销售额的加权平均值会道明事实。我们将第五年的销售额扩大 5 倍，第四年的销售额扩大 4 倍，第三年的扩大 3 倍，依此类推。现在我们将总的加权销售额除以 5、4、3、2、1 的总和也就是 15，就得到了销售额的加权平均数，为 4339.6667 万美元。这个数字和实际的算术平均数 4184 万美元相比较，显示了上升的趋势。

允许弹性的点

在估计销售趋势时，也应该考虑价格波动。如果与 1913 年 1000 万美元的销售额相比，百货公司在 1920 年的销售额为 2000 万美元，那实际上就不会有什么真正意义上的收入可言了。第一次世界大战期间，价格的普遍上涨是销售金额增加的主要原因，在任何可能的情况下把销售数字用物理单位衡量与用美元衡量一样重要。如果做不到这个，我们可能就要根据该公司已经经营商品价格的波动来进行估计了。非官方报表就像可靠的金融刊物的固定栏目一样，在《华尔街日报》、《波士顿新闻》和《拜伦报》等这样的知名刊物中频繁公布，这些也是一个可靠的信息来源。

周转

损益表中的销售收入数字还有许多其他的作用,其中最重要的一个就是在分析不同类型的公司时,如何确定商品周转额。一个公司能越快地把它的存货变成现金、应收账款和新股票,那么它的利润率就越高,市场波动和其他原因造成的风险也就越小。一家有5000美元存货和5%边际利润的小杂货店,如果每月周转一次库存,那么它一年可以收入3000美元;如果一年周转6次,则年收入只有1500美元。在后面一种情况下,由于经营不当而带来的损失将更大,它很可能因为卖过时货物而失去顾客。生意人应该使他们的商品尽快周转,这个原则适用于所有关心货物配送的企业,无论其规模是大是小。

行业内比较

销售量与商品的比率在不同的企业中有很大的差别。一个连锁商店周转库存的速度比一个重机械生产商周转库存的速度快得多。1929年沃尔伍思的销售额为30300万美元,其中有3795.4万美元为库存。通用电气的销售额为41500万美元,其中有8083.6万美元为库存,这一事实不足以反映后者的管理状况。为设法确定某一管理层水平,我们必须将销售量和商品与几乎做同样业务的其他知名公司的类似比率进行比较。该比率逐年的波动可能也是有用的指标,可以显示管理效率的演变趋势。就这一点而言,我们有必要关注该比率的季节性变化。如果12月31日的销售量与商品的比率不如6月30日的销售比率好,这没什么大不了的。应该在连续年份的相同日期对该比率进行比较。当货主的货物升值时,该比率随物价的上涨而下跌;当物价下跌时,经销商或制造商解决问题的方法是加快周转率。

信用政策

销售额与应收款项之间的比率,是另一个值得参考的数据。它的波动反映了公司信用政策。如果某公司有着很大比例的应收款项,人们很自然就会怀疑该公司在放宽赊销政策。可能将会有更多的坏账被列入公司的流通资金中。在商业萧条和物价下跌时期,我们就可以放宽信用条款,在这一时期应收账款就成为一种比库存商品更好的流动资产。业务有了普遍改观以后,赊销部门应该严格限制赊销现象。

折旧带来的启示

从销售额与固定资产的比率中可以看到公司的效率。下面的表格给出了通用电气 1923~1929 年这 7 年间的销售报表,包括这几年年末该公司工厂固定资产的账面价值和这两者的比率(见表 12-3)。

表 12-3 通用电气的销售报表

年份	销售额(美元)	企业固定资产净值(美元)	比率
1929	415330000	49236000	8.44
1928	337189000	47556000	7.09
1927	312604000	50338000	6.21
1926	326974000	50557000	6.47
1925	290290000	55169000	5.26
1924	299252000	55770000	5.37
1923	271310000	57869000	4.69

这段时间的平均比率是 6.21,加权平均值是 6.78。因此,很显然,该比率的变化趋势是上升的。这说明,要么是接近分析期结束时,公司在生产设备中变得更有效率,要么就是由于极端保守的折旧政策使工厂

的账面价值大大低于它的实际价值。7年间在日用品价格大体下降的时候，效率和保守的作用开始增强，所以用数量来衡量的销售量可能比用价格来衡量的销售量增长得更快。

毛利率

除了销售额和资产负债表中很多项目的比率外，销售额与损益表中某一项目的比率也很重要，这就是净营业收入与销售量的比率，也被称作毛利率。毛利率的减少趋势预示着管理效率的下降、行业竞争的增强，或者管理无法控制外界阻力所带来的困难。如果某行业一直为这样的问题所困扰，那么该行业中很多企业可能连续几年都不会盈利。然而毛利率的增长会加剧同行业间的竞争，从而打破正常的市场平衡，对于投机者来说最理想的情况就是稳定。当然我们应该允许经济周期的进程中有一定的不平衡产生。1921年的毛利率减少并不是一个警示征兆，那一年只有那些幸运的公司或是管理较为成功的公司才会盈利。

其他收入对于很多公司来说也是个很重要的项目。该项目说明了资产负债表"投资"项中的价值。该项目通常不需要详细列出，在很多情况下是与正常经营的总收入放在一起的。

折旧的重要性

从很多方面看来，折旧可能是损益表中最重要的一个项目了。其他项目多多少少都不在管理范围之内，但折旧金额完全是由管理层决定、十分精确的会计项目。为了使最终报表比较好看，如果收入很低那么就减少折旧储备金；如果预期的收入很高，管理层又想捞点"油水"的话，那么在尽量不招致债权人以更高的呼声要求增加股息的情况下，他们就会扩大折旧储备金。因此，投机者会仔细考察折旧这个数字，以便了解其金额是否充分、合理或者过度，对于这一点的确没有固定的标准。一般情况下，财政部要求纳税者每年将年收入的4%作为木式框架房屋的折旧储备金，2%作为钢筋水泥大楼的折旧储备金，10%作为机器的折旧储备金，20%作为汽车的折旧储备金。制造企业的固定资产很可能包括了所有这些资产和用于放置这些资产的土地，当然，土地是不折旧的。如果在某个具体情况下，分析师无法从一个案例中确定折旧应该承担的费用，那他至少可以知道每年的折旧与固定资产的比率是否相差很大，并要确定其趋势。

一项不错的比较

将雷明顿兰德公司1930年的收益表与之前的财政年的损益表进行比较，这给我们留下了很深的印象。虽然经济在1929年中期开始衰落，但雷明顿兰德公司的销售额仍然略有增长，除了销售额的增长，其管理却成功地降低了直接和间接费用。折旧储备金也有所增长，而实际上这个数值几乎达到了上年年末固定资产账面价值的12%。其利息支出通过偿还债券或流动债务减少了，分公司少数股东的权益也明显降低，优先股股息的降低表明优先股被部分收回，这些推断可以由资产负债表得到进一步确认。

铁路部门统一的结算方式

至此，我们一直在讨论的是工业公司的报表问题。从表面上来看，铁路部门和公用事业部门的损益表在形式上略有不同，因而要以不同的方法对其进行分析。由于这些报表很容易得到，它们对于投机者来说更重要一些。美国的所有铁路都受公平交易委员会的管辖，委员会要求铁路公司以统一的形式制作财务报表，还要定期上报收入，主要铁路部门甚至要有月收入报表。同样，在多种管理体系中大多数公用事业单位也需要定期上报它们的收入，尽管公用事业公司不像铁路部门那样有全国统一的结账方式。

以科罗拉多南方铁路公司 1925 年的收入报表概况为例（见表 12-4）。

表 12-4　科罗拉多南方铁路公司的收入报表

单位：美元

货运收入	19598517
客运收入	4140562
其他收入	1951076
总营业收入	25654155
道路和设施维修费	2888666
设备维修费	4934683
交通费	348603
运输费	8461550
混杂操作费	203689
常规支出费用	958267
投资运输——赊购	44830
总经营费用	17750628
早期经营收入	25654155
早期经营费用	17750628
净营业收入	7903527
铁路税的自然增长	1637703
无法统计的收入	6992
净营业收入的扣除项	1644695
铁路经营收入	6258832
设备租金	378164
组合设备收入	98193
租赁杂项收入	95261

杂项利息及红利	596012
杂项收入	2945
总营业外收入	1170575
总收入	7429407
设备租金	909589
组合设备租金	164116
长期债券的利息	2551365
其他扣除项	138398
总收入中的扣除项	3763468
净收入	3665939

想要对铁路报表的分析进行更深入的讨论，我们还要另设一章对其进行详细的阐释。在这里我们只列出了主要的几点。我们所说的经营比率即经营费用与经营收入的比率，第一次世界大战前一个繁荣的铁路公司的此项比率大约为70%，然而这个比率的显著增长给公司的盈利能力带来了威胁。

维修费用与经营收入的比值常常与资产情况相连，通常它应该在30%~35%之间。如果这个比率高得超乎寻常，人们就会怀疑管理层是否通过增加维修费用来隐藏部分收入。如果这个比率低得出乎意料，分析家就会害怕管理层为了维持红利和利息支出而减少资产。如果维修费用没有明显的增长，而相应的客运、货运的运输费用增加，即运输费用与运输收入之比增加，更会让这种怀疑增强。另一方面，如果通过降低运输费用与运输收入的比率，资产情况真的有所改观，那么维修费用就可能会特别高。

公用事业公司的损益表也同工业公司的不一样，1929年太平洋燃气电气公司的报表就是典型例子（见表12-5）。

表 12-5 太平洋燃气电气公司的损益表

单位：美元

总经营收入	64440588
经营费用：	
维修	2981187
操作、配送和管理费用	21453159
税金	6813406
折旧	7477634
总计	38725422
净营业收入	25715166
其他收入	380306
总收入	26095472
扣除：	
债券利息	10630021
其他利息	258247
总计	10888268
扣除建设利息	1039703
余额	9848565
债券折扣和费用摊销金	506419
总计	10354984
净收入	15740488

也许这张报表上最有趣的几个数字就是维修和折旧支出了。公用事业公司通常每年在设备维修和折旧费用的花销上占总收入的 12.5%~15%，由于通常公用事业公司每 5~7 美元的固定资产才会产生 1 美元的年收入，维修和折旧费用占相当于固定资产的 1.8%~3%。不管折旧支出是否远远超过维修费，或者维修费用超过折旧费用，这完全都是管理政策的事。不幸的是很多公司在损益表中将维修费用与其他操作费用一次列出，有些公司甚至并不单独列出折旧费，而是把它从分配股息后的盈余中扣除。在这种情况下，利息支出后的余额就应该被称为"股息、

折旧和盈余余额"。由于多数当局认为留出储备金用于设备更新与支付利息费用同样必要，很明显在本案例中分析者在计算股票余额时有必要留出一定的宽裕度。

"建设利息费"的意思不言自明，由于完成某重大项目需要很长时间，而投资项目在所需要的时间内并不会赚到任何钱，很显然把这笔利息资本化而不是作为费用的处理方法是合法的。"债券折扣摊销费"是贷款年度成本的一部分，如果将总值 2500 万美元为期 30 年的债券卖出，则 150 万美元的折价大概就要 30 年来分摊，即每年 5 万美元。

审计报表

审计报表是公司年度报表中最常见的一部分，这些年度报表很少为股东查看。1915 年著名的西屋电气公司会计报告中的审计就是一项特别详细的审计：

我们已于 1915 年 3 月 31 日，针对西屋电气生产公司，及其下属子公司的账簿进行了审计。

我们已通过计算及委托人认证对该公司所有股票及债券，现金及应收票据进行了审核。公司股票和债券按账目价值列出，这要远远低于总成本。

我们已检查了应收账款，其储备金足以挽救可能损失。

我们已对原材料及供应，生产零部件及完整设备、运营设备等的库存做了总的检查，并以成本价或低于成本价进行了估价。

根据上述 1915 年 3 月 31 日西屋电气公司及其子公司的资产负债表总报表，我们特此做如下公证：截至 1915 年 3 月 31 日，西屋电气公司的财政状况良好；截至 1915 年 3 月 31 日，该公司收入、利润和损失总报告如实反映了该公司在此期间的经营情况，而且公司账簿与其报表保持一致。

无知的管理人

这项公证在签证中没有保留意见,而且深入了解公司业务的程度,显然要比制作试算表深入多了。他们对公司事务做了详尽的调查,很多公司依然没有把审计认证放在年度汇报中。很显然,任何公司的账簿中每隔一定时间都应该有一些独立审计,并且证券持有者都知道负责任的公司都会保证报表的准确性。在大公司中发生私吞公款的现象并不很常见,但这只是投机必须面对的一个小风险。前段时间,某知名棉花加工厂会计为了让公司账目看起来体面一点而进行虚报,结果导致厂长做出了"股票持有人并没有任何损失,他们只是没有得到认为自己可以得到的财产"这样的幼稚评论。事实揭露以后,这种幼稚的评论对那些手中股票价值从40美元跌到1美元的股票持有者来说,起不到丝毫的安慰。

第十三章　铁路股和公用事业公司
——是条例的牺牲品还是受益人

一个罐头食品的品牌之所以会出名，是因为它有 57 种不同种类的产品供消费者选择。这个数字与美国铁路部门每周、每月或每个季度都需要正式向州际商业委员会上报的 167 种左右的数字相比，显得是那么微不足道。它们可能使用的安全设备种类、可能向客户收取的费率、可能发行的债券期限和能否按计划扩展它们的生产规模都要受到州际商业委员会的条例限制。美国铁路部门与其员工之间的关系还受到其他政府机构的条例制约。此外，大多数州的铁路部门都要受到当地公用事业或铁路委员会出行条例的限制。

公用事业的州立条例

煤气公司、电力公司和供水公司等公用事业公司，目前还不受任何联邦机构出台的条例限制。事实上，所有的联邦成员州都有着自己的公用事业委员会或是类似的机构来监督公用事业公司的运营合法化。如果一个爱挑刺的居民认为其燃气费太高，他就可以向委员会投诉。如果公用事业公司建议提高费率，以得到适当的资产投资回报率，整个社会都可能沸腾起来。

那么在这些领域建立这样的机构会有什么意义呢？面对如此繁琐的程序和管制，如何能成功交易呢？对于工业公司来说，就算一个充满活力而又聪明的企业经理人可以把企业的利润翻好几番，那么在众多限制之下公用事业公司想同样提高其利润还有希望吗？

公用事业股价的确会大范围波动

答案当然蕴含在事实中。相比工业股所经历的价格波动，公用事业公司发行的股票的价格波动范围要更大一些。波士顿和缅因铁路的普通股股指在五年内从1924年的10美元一直上升到145美元。联邦电力从1926年（公用事业股连续惊人增长五年中的一年）的28.625美元一直涨到1929年的246.50美元，这种持久的增长在工业股领域中从没发生过。

看来限制性规定也不过如此。政府机构会通过限制性条例说不可以做这做那，却从来没有这样对待管理层。负责检查公务员工资单的委员和检察员们会进行审计验证、核实调查、禁止和批评，但是他们从来不采取行动。当他们批评完后，经股东选举出来的管理层依然有很多空子可钻。他们寻找机会降低公司的运营成本，就像工业公司经理要以最小的成本来运营公司那样。在公用事业公司中，糟糕的管理层会使利润降低甚至造成亏损，而好的管理层可以使弱小的公司变得强大。尽管政府部门对铁路以及公共事业公司的内部事务的干预要多于工业企业，但投机者也不要因此而拒绝公用事业股票。

公共条例的优点

公共条例，另一方面对于投机者有着显著的优点，它可以保证投机者得到他们所感兴趣的大量关于公司的详尽信息，而如果没有公共条例将不会有这些信息产生。在铁路部门中，每月都提供详尽的盈余数字，而且经常定期提供其他资讯。此外，这些资讯都经过标准化，进行分析时，不必时时停顿，猜测某些账目到底是什么意思。他知道这笔账目与其他50家铁路部门同名的账目是一回事。不过在公用事业公司中就没有这么多的信息，也不会有如此统一的账目。它们都不同程度要受到49家不同的司法机构而不是一个总机构制度的条例所限制，但总的来说，公用事业公司的信息还是要比产业公司丰富。

大企业的道德标准

激进的社会秩序批评家常常认为，只有通过欺骗才能赚到大钱，所以欺诈与大公司不可分割地联系在一起，当然这是对商界无知而偏激的看法。但是确实很少有交易活动会好到让那些追求崇高道德标准者保持缄默。由于不遵守严格的道德准则，一些小股东、投资者和投机者有时候便成了输家。但是很明显，某些交易行为只有在诡计的庇护下才能进行。公众对于不道德交易行为的广泛而持久的关注，使得任何与大公司的不法交易都无法进行。这种不断完善的公开体制在公用事业公司比在产业公司中得到更大程度的保证。而且，某些政治家一直在试图挑公用事业公司的毛病，一旦发现这种欺骗性交易，他们一定会幸灾乐祸地抓住不放。无疑99%的大商业活动的进行都是诚实守信的，在公用事业公司中，坚持走一条笔直而又狭窄的道路需要面临压力要比工业公司小得多。

公平交易

公用事业公司股票大幅波动的一个重要因素就是在资金结构和公司建设中，要坚持"公平交易"的原则。产业公司理想的资本结构中不应含有债券、没有优先股，而只有一种形式的股本。在公用事业或是铁路领域中，这种股本几乎不为人知。多亏了它们固定财产不变的特点，以及相对稳定的收入能力，铁路运输和公用事业公司可以并且也习惯于通过发行债券或优先股股票的形式来获取大部分长期资本。美国的铁路资本中超过一半都是由债券和大笔具有一定股利的优先股组成的。在公用事业股中，很多情况下，普通股占总资金的比例要比铁路股小。对那些以全部或部分普通股占有权来掌控分散资产的公司，这一点尤其重要。因而在这种情况下，以总值1000万美元的普通股去控制总值为1亿美元的财产是完全可能的。

一个具体的实例

用实例很容易解释什么是公平交易原则。假设有一家公用事业控股公司持有股息为5%的价值6000万美元的长期债券，股息为7%的价值3000万美元的优先股和1000万美元的普通股上市。如果司法机构中负责公司经营的公用事业委员组织将利率设定在一定水平，让经营良好的公司可以赚到8%的投资回报利润，那么这家公司应该可以赚到800万美元的收入。债券持有人会分到300万美元，优先股持有人210万美元，那么剩下的290万美元留给普通股，或者说每股29美元。如果管理层能力太差或是其他原因，达不到这么高的回报率，收入额只有资产的6%，则留给普通股的收入就只有每股9美元了。换言之，平均每1美元资产的获利能力下降25%，就会导致每股收入减少69%。在这种情况下，假设1美元资产的盈余降低36%，那么留给普通股的余额就不存在了。

虽然1美元投资收入率的波动较小，但它带来的影响却是惊人的，股市的情况将会变得更不同寻常。如果一笔公用事业财产从其财产价值上得到的回报率很小，以至于没有余额留给普通股，那么其股价只可能停留在5~20美元之间。经营费用的略微减少、毛利润的增加和普通股结构比例的提高都可以使资本回报率稍微增加一点，这样就会为普通股留有 10 美元甚至更多余额的回报。对于 1929 年那样的牛市中，这种获利能力会使普通股每股价值达到 250~300 美元。

剧烈的股市波动

下面举出两只公用事业公司股票价格发生的骇人听闻的波动，这两只股票也证明了这样一个理论：如此剧烈的波动主要会出现在具有头重脚轻的公司。在 1924 年 12 月 31 日，波士顿缅因铁路公司在其少得可怜的 394730 股普通股的前面有着 1.327 亿美元的长期债券和 4190 万美元的优先股。1923 年，该铁路局报出了扣除固定税费后的第三个年度赤字，股票售价居然低至 10 美元。新的管理层肯定了优先股股东们一致同意大量减少累计股息的建议，以及降低成本和迅速增加财产。5 年后，虽然其总收入比 1923 年的低，但是高效率的经营使普通股每股收入达到 8.62 美元。在这些情况下，根据股市估计，在 1924 年股本财产还不到 400 万美元的资产，现在已达到 2.3 亿美元，几乎翻了 15 番。

1926 年底，联邦电力公司和波士顿缅因铁路公司规模相当，其长期债券和公司及其附属机构发行的优先股总额达 2.52 亿美元，普通股 123.3 万美元。在当年股市最低时，根据市场行情估计其股本还不足 3600 万美元，上一年公司每股盈余为 2.61 美元。这归功于公司的资本结构，1928 年公司总收入 33% 的上涨率和经营比率的适当提高都转化成了 1928 年普通股股利 220% 的增加率，公众认识到公用事业股价格有望在 1929 年达到一个惊人的高度。

投资者和投机者的认知差距

如果公用事业公司的资本结构健全，股价大幅波动的可能性就小多了。宾夕法尼亚铁路局就是个例子，1929 年底，与 55 万美元的长期债券相比，其公开上市的股份为 5.75 亿美元。股本如此雄厚，要让每股盈余出现重大变化，就要求每 1 美元的获利有相当大的提升。这种资本结构自然伴随着稳定的盈余的最显著的特点。自从 1856 年起，宾夕法尼亚铁路每年都要付出股利，它们的股票波动很小，成为一项重要的投资。由于第一次世界大战的重大影响和联邦政府对所有铁路的控制，1924 年宾夕法尼亚铁路局的股利率较少，股价跌至 32.25 美元。1929 年它从这个水平恢复到了 110 美元，成为该公司股价自身相当可观的上涨，但是相比波士顿缅因铁路局依旧略显逊色。

财务健全的公用事业公司

在公用事业领域，联邦爱迪生电力公司是一家资本结构保守的典型公司，以 1929 年底为准，其资本构成为 1.35 亿的普通股，债券发行余额只有 1.2 亿美元，没有发行优先股。与 1925 年相比，1928 年的损益表显示其总收入增加了 33%，和联邦电力公司的一样，经营率也仅仅比联邦电力稍逊一筹。由于其较保守的资本结构，联邦爱迪生电力公司的股利收入仅仅增加了 44%，远远比不上几乎在相同情况下联邦电力普通股持有人 220% 的收入增加率。在三年内，爱迪生电力股票从 1926 年的低点翻了三番多，但是这还远不及联邦电力 900% 的增长率。

很明显，如果需大幅增加它的资本投资来提高毛收入，那么它就要维持一种保守的资本结构，这样做的代价就是不会有股票大幅上涨的可能性，而且在这种情形下投资者与投机者肯定会离开公司。从投资者的角度来讲，理想的资本组成可以大大降低股价大幅波动的可能性，但这种波动恰恰能给投机者带来赚钱的机会。

当然对于那些资本近乎理想的公司来说，其股票的大规模波动也不无可能。1915 年新天堂的资本结构为 1.8 亿股票和 2 亿债券。但仅这一事实不足以阻止其股价从 1913 年的 129.875 美元跌到 1923 年的 9.625 美元。1922 年有着理想资本结构的培尔·马克特公司，其长期债券为 4200 万美元，优先股为 2300 万美元，普通股为 4500 万美元，但后来的发行债从 1922 年的 19 美元一直升到 1926 年的 122 美元。一家经营良好的企业，其股票也可能进入黑暗期，此时一个小小的成功都可能成为管理层辛勤工作的硕果，而由这些变动引起的股市变动通常不如资产变动给小股本带来的影响大。

允许季节性差异

铁路股价格到底波动到什么程度取决于某些个别因素而不是股市的总走势。因而，对于投机者而言，知道如何分析铁路股账目是很重要的。无论是多大规模的铁路公司，州际贸易委员会都会收到铁路部门的月收入报告后，金融出版社也会公布这些报告。一个月的时间还是比较短的，一个月的收入可能会比一年总收入的 1/12 要少很多或者多很多。主要从事粮食运输的铁路局可能在春季的几个月中都没有固定的收入，但全年的利润却很可观。另一方面，就佛罗里达铁路局来说，运输量最多的时候是在冬季和早春。取若干年的平均值，我们可以计算出某铁路局某年的总收入和某月的净收入。有了这些在许多统计汇编中都可以找到的数据，当起初四五个月的收入公布时，我们能很容易地以很高的精确度计算出该铁路局全年的收入。详细的月收入情况也反映了是否有削减维修支出的倾向以及运输成本比例是缩减还是上升。

铁路公司的衡量标准

一般情况下，铁路公司除了损益表上记录的金额外，以吨英里表示的年度营业报表也是很重要的信息。每年运输量都用吨英里精确表示，吨英里代表运多少吨的货物走多少英里的路程，该数值在几年的时间里应该呈上升趋势。每英里的平均运输量是另一个重要数据。由于后期成本是货物运输成本的重要组成部分，对于铁路局来说，长途运输的利润很大。那些以高费率运载大量生鲜蔬果从加利福尼亚运到密西西比河口，或从佛罗里达运到美国北部的铁路很幸运，占有地理上的优势。如果几年内某铁路局的平均运输量呈上升趋势，那么其业务会越来越赚钱。货物的分类也是铁路报告中的另一个重要信息，运输制造品、杂货和农产品的比例逐渐变大，而运输矿石和木材等低价值低运费的货物比例逐渐变小，这一趋势意味着运输业利润的不断增加。对于大多数铁路局来讲，客运远不如货运重要，但是长途客运也一样有利可图。

火车装载问题

铁路局的经营效率往往是由平均单车装载量来衡量的。一辆火车能装载的货物量越多，能装载的满载汽车数就越多，那么直接操作费用就越少。每个铁路局的目标都是取得更好的汽车装载和火车装载量。目的就是减少空载运行。空载对于那些主要负责单项运输的铁路局来说是一个十分严重的问题，比如主要运输烟煤到沿海地区的铁路局，空车返程大大减少了平均单车装载量。成功寻找一种运输方案解决平均单车装载量低的问题在平均单车装载量报告中也会得到相应的反映。如果你管理得好，一条铁路的平均列车载重量会在几年的时间段内趋于上升。但是将某一铁路局的装载量与其他的进行简单比较是无法令人满意的，某家铁路局可能主要运煤，其每月单车平均装载量可能会达到 800~900 吨。而另一家铁路局主要负责运输轻载货物，其每月单车平均装载量可能仅有 300~400 吨，因而单车装载量不能作为主要的分析指标。

艾奇逊铁路局的运营效率

现在，我们把上述测试指标运用到美国最强的艾奇逊铁路局中去。1913 年，该铁路局货物运输量为 2506.2 万吨，到了 1925 年为 4278.2 万吨。吨英里从 78.02 亿略微增加到 138.62 亿。简单的数学计算可以得出平均托运里程从 311 英里略微增加到 324 英里。随着私人客运和公交客运的侵夺，铁路客运量减少了一半以上，但平均运载里程从 90 英里增加到了 209 英里。

对于大多数铁路局来说，这场战争使操作费比率明显上升。与 1913 年相比，大多数铁路局将大部分毛利润花在维修和运输上。1925 年艾奇逊财务报告显示这些比率与 1913 年的水平惊人接近。1913 年总收入的 32% 用于维修，而 1925 年达到了 34.3%；1913 年运输开支为总收入的 30%，而 1925 年为 30.8%。这种效率高超的印象表现在列车装运量上。1913 年的单车平均装载量为 425 吨，1925 年增加到 670 吨。这对主要运输对象不是煤的铁路局来说无疑是个非常出色的业绩，1925 年超过 32% 的货物是由制造品、商品和杂货组成的；而到了 1913 年这个比例还不足 25%。

圣保罗铁路局的苦难

通过对"芝加哥、密尔沃基和圣保罗铁"公司在 1913 年和 1924 年（破产托管前）的这组数据对比，我们可以发现，一个铁路公司进入破产托管前，一定会有迹象。圣保罗的运输吨数成长幅度远低于艾奇逊铁路公司，平均运输里程甚至还下降，运输费用所占的比率提高，每年都高于艾奇逊铁路公司。1913 年时，圣保罗铁路维修支出占营业收入总额的比率远低于艾奇逊铁路公司，仅在 1924 年略微超过了艾奇逊，人们对其是否有充足生产经费的怀疑也就理所当然了。在此期间，圣保罗的收入要比艾奇逊的略高一些，然而货运特点的改变使圣保罗明显退步。1923 年时，商品、制造品和杂货还占总货运的 30%，而到了 1924 年这个数字已不足 23%。

艾奇逊和圣保罗铁路公司的另一个有趣对比就是它们对设备折旧的不同处理方式，不幸的是圣保罗没有将路轨和设备算到其年度资产负债表中。1923 年 12 月 31 日其总收入为 6.89 亿美元，而同一天艾奇逊铁路公司的收入为 8.24 亿美元，后者的收入中有 1.91 亿美元来自设备费。较强的铁路局同一天用在设备折旧上的储备金为 7600 万美元，而圣保罗铁路公司只有 2500 万美元。即便两家铁路局在规模上存在一定差别，那也会让人不由地去怀疑圣保罗的支出中并没有包括足够的设备维修费，当然折旧也是铁路报告中维修费的一部分。面对这种有道理的怀疑，圣保罗铁路公司的优先股在 1923 年每股收入 30 美分，但在 1924 年其实际售价为 32.125 美元。

千瓦和千瓦时

如果说吨和吨英里是铁路运营报告中的两个重要数据，那么千瓦和千瓦时是与电力公司重要的计量单位。千瓦是电力的单位，工程师们更常用千瓦而不是马力。一千瓦约等于 1.33 马力。电力公司以千瓦时对外出售其产品，销售量最大的公司在 1925 年的产品销售量超过十亿千瓦时。同年，纽约爱迪生电力公司的电力销售量为 12.16 亿千瓦时，其中 9.67 亿千瓦时由自己的发电厂生产，其余都是购买的。该公司总发电量为 41.6 万千瓦时，如果所有的发电机每天 24 小时不间断地运行一年，那么全年的发电量为 36.4 亿千瓦时。如果能够生产并全部销售出这些电量，则它的理论效率为 100%。我们把实际最大发电量与理论最大发电量的比称为负荷因子，实际上该负荷因子永远都不可能无限接近 100%。

在进行铁路公司的比较时，我们没有必要为两个公司的不同点保留非常大的余地。在公用事业领域这种差异要大得多。某家公司可以通过开发不同的水力资源来发电，然后将电力全部卖给那些大客户。而另一家公司可能根本没有自己的发电站，仅仅是大规模购买电力，然后再配送给其辖区内的零售商，可能还有一家公司既发电又配送。那些完全或主要靠水力发电的公司的损益表会与完全靠蒸汽发电公司的损益表有很大的不同。公用事业领域中大规模的并购正在消除这种差异。

缓慢的资金周转

一般情况下，投资人分析电力公司时，有一件最重要的事必须记住，就是电力公司的固定资本周转得非常慢。电力公司通常每年 1 美元的毛利润需要 5 美元或更多的固定资产，对于大的水力发电公司，这个比例要更大，建一座水力发电站平均每千瓦需要投资 100～300 美元，还不包括长长的输电线和配电系统。1925 年底，蒙大拿电力公司的固定资产为 9500 万美元，为 1925 年毛收入 843.8 万美元的 11 倍。另一方面水电站的操作费用很小，少量的润滑油支出和员工薪水支出成为直接的操作费用。1929 年宾夕法尼亚水电公司的操作费仅为毛利润的 35%。那些完全或主要靠蒸汽发电的电力公司的操作费用要比水电公司的高，但是设备费用要低得多。

对于公用事业公司来说，一般折旧储备要占到毛利润的 6%～10%。然而，如果累计储备金已经超过资产价值的 10% 或更多，公司可以合理地略微减少每年体力额的折旧。公用事业债券发行白皮书往往要求发行公司给出设备维修和折旧预留指定的金额。一般要求"扣除上一年用于未改造，增添、保养、维修、翻新和更换等基金金额，公司每年至少要付给信托人毛利润的 12.50%"。

建设性的分析

1925 年 4 月 13 日，《巴伦周刊》发表了一篇关于拉美公用事业公司的文章，广泛讨论了哈瓦那有轨电车、电灯和电力公司的折旧政策。文章指出 1923 年该公司将毛利润的 24.9% 作为折旧和意外事故准备金。假如它仅仅将正常的 10% 作为储备金的话，那么留给普通股的余额就是每股 21.94 美元而不是实际报出的 8.57 美元了。接着其股票以 102 点左右的价格出售，在接下来的几周里其股票以实际售价低于平均价的水平出售，但是一年内又超过了 250 点。后来的情况显示，这只股票的股价波动与 1929 年公用事业股价大涨的主要原因不同，不是因为大众对公用事业公司 1 美元获利能力的评价产生变化，而是因为当时流行的评价观念发生变动，根据少有人知的重大状况而调整股价。这样的机会虽然很少，但是说明了折旧金额是值得研究的。

煤气公司要比电灯和电力公司少多了，也远没有它们那么重要。在很多大城市里，包括纽约、巴尔的摩、丹佛和旧金山，同一家公司同时供应煤气和电力的现象也是存在的。对于这种公司以及其旗下子公司提供改造煤气和电力的控股公司体系来说，我们可以将分析电气公司时用的比例系数同样应用在这些分析中。有几家煤气公司比较著名，比如布鲁克林联合会、马萨诸塞和芝加哥国民，人们通常认为煤气公司支付的折旧费率应该比电气公司稍低一点。

理想的燃料

近几年，天然气产业的成长非常迅猛，这已经或多或少地使煤气的进步相形见绌了，管道建设的不断改进使天然气市场的迅猛发展成为可能，并且在几年内这种理想的燃料就可以在美国的大部分地区免费提供。井下成本仅为每千立方英尺几个美分，而天然气的燃烧值是煤气的两倍，因而可以取代先前零售价在 1 美元每千立方英尺的煤气。天然气的管道成本是很高的，因而天然气从井下运输几百英里后的成本是井下成本的好几倍，而且天然气的供应也不能像加工产品那样有保证。这些内在的缺陷很可能使市场不能根据对电力公司的股价基础去分析天然气公司的收入。

铁路客运公司的困难

铁路客运公司是铁路中一个专业类别，用来分析铁路公司的比率，可以直接用来分析铁路客运公司。我们应该对都市间的铁路线路加以区别，这些铁路线特别容易受到公共汽车和私家车的竞争的伤害，并且为大城市提供大规模运输服务的系统都免不了要依靠地表、地下和高架线路。第一次世界大战期间，财政困难也开始折磨铁路客运公司，接着公司又遇到公众抗议，使它们不得为乘车费比常规的每次5美分的费用要高而道歉。随后跟私家车和公共汽车的竞争又日益加剧，铁路客运公司逐渐失去了其投资和投机公众中的大部分朋友。正如这里所提到的那样，虽然某些客运公司进行破产托管，以及取消运费，都没能改善糟糕的形势。那些服务于美国大城市的铁路客运公司，依旧没能在交通运输上有任何收入，也没能在任何其他形式上有任何收入。即便是对那些跨城市线路，它们的形式也好不到哪去。它们中的大多数财务状况很差，但是比独立经营者的处境稍好些。公交线路之间，以及公交线路与跨城市线路之间的恶性竞争，随着那些经济实力不足的经营个体的财源枯竭、立法和法院保证安全和充分的公交服务的行动而结束。当那天到来时，火车客运证券的牛市就绝对不是不可想象的了。

公用事业公司的股票——如铁路、电气、煤气和火车客运公司，这些公司为投资者提供了一个广阔的、可操作的且具有很多优势的领域。关于这些公司的信息要比那些关于工业、采矿和石油公司的信息更完整、更可信，而且还有关于这些公司更好、更详尽的分析标准。

第十四章　工业类股票分析

在大城市里,许多商店的门上都悬挂着色彩鲜艳的标志,这些标志由充满稀有气体的霓虹灯管组成,当电流通过灯管里的氖气时就会发出色彩艳丽的光芒。把氖气卖给霓虹灯制造公司,是一家在纽约证券交易所上市的重要公司,销售氖气只是专家公司众多商业活动中的一个实例。现在多种经营的例子很多,对于上一代人来说,这是难以想象的。除了新商品的生产外,当今的工业企业生产的产品,在很大范围内与过去的极其相似。上一代的工厂规模小,在郊外建厂并拥有几百名员工,通常为私有企业或有限责任制企业。如今,制造业涵盖的范围很广,并且一个企业有成千上万的个人出钱投资,不再只是少数人筹资。

托拉斯的兴起

生活在美国内战和西班牙战争期间的一代投机者的交易工具中没有工业股票。在19世纪90年代,由于各行业竞争公司的合并,信托投资公司出现了。这些行业涉航空业、钢铁业、制糖业、造纸业和橡胶业等许多行业中的竞争性企业间的兼并创造了"托拉斯"。当时铁路类股票是投机交易的主要趋势,如今铁路股在数量上远远落后于其他呈现多样化的工业股。以证券市场近期交易记录为例，按字母顺序排列的前十家公司的主要业务是：百货公司、信托投资、针织品制造、办公设备制造、农业工具制造、铅类开采、空气气体的分离、吸尘器生产、轮胎制造和金矿开采。

为什么股票会趋向于集中

直到 20 世纪的最初几年，投机者可操作的工业股票依然还十分有限。只有美国钢铁公司、美国糖业公司，还有一些冶铜公司和若干其他一些托拉斯公司代理经营的股票，这些股票有着自己的活跃市场。结果投机者将注意力集中到有限责任公司，并且这些股票有很强的集中到一点的趋势。某一股票给股市带来的某种明显的变化要比如今成百上千的上市股票带来类似的变化更能吸引投机者的目光。而且，当时整个美国的工业类型远不如现在这样多样化，因而某些影响某一行业的不利因素，通常反过来会更大程度地影响其他行业。随着股票市场和美国国家工业结构的普遍多样化，个股在整个股市走势中可以个别挥洒的程度，也比过去宽广多了。

萧条与繁荣并存

就算美国的整体经济处于繁荣发展期间，依然可能有相当多的行业在经历着严重的萧条。比如 1923~1926 年为例，皮革制造、书籍和书写用纸生产商和化肥生产企业、包装厂、多数纺织品的生产厂家以及烟煤矿等行业都遭受了不同程度的萧条，这些工业公司的证券受到了这些行业经营状况、金融市场形势和股市总的发展趋势的影响。

在前一章中，我们注意到，即便是在同一行业，股票也可能朝不同的方向发展，或沿同一方向以不同的速度发展，因此投机者不仅要看总的市场形势是否有利于购买或出售，而且还要看某行业的发展状况是否有利于买进或出售,最后还要考虑这个公司的境况是否有利于买进或出售。由于工业股可以为投资者的操作提供最宽广的空间,这方面的分析会占去投机者最多的注意力。

烟草业分析

当个事后诸葛亮总比先见之明容易得多。在本章,我们可以很容易地分析工业股几年前的情况,并展示机智的投机者是如何预知以后的发展的。现在,还是让我们看看过去对工业股票是如何做出分析的。1924年的5月,《巴伦周刊》发表了一篇文章,详细讨论了1911年从美国烟草公司解体出来的四家著名烟草公司的历史和它们在文章发表时的形势。读者们想必还记得1911年美国最高法院责令烟草托拉斯公司解体,继而成立了四大咀嚼性烟草,以及一些较小的鼻烟、甘草和相关产品的非重点生产商。这四家主要的继任企业——美国烟草、利菲特和迈尔斯公司、罗瑞拉德烟草公司、雷诺烟草公司——进入了一个市场竞争活跃的时期。这一行业的繁荣发展,大部分都要归因于烟草消耗量的快速增长。雷诺主要集中精力发展单一品牌烟草——"骆驼牌",并取得了显著的成功,1924年的总盈利位居四家公司之首,摆脱了1912年盈利最少的地位。美国烟草继续生产多种烟草和其他烟草产品,保持稳定发展,但是发展速度要比雷诺公司慢得多。利基特和迈尔斯与美国烟草公司推行同样的总方针,但其发展要更迅速。罗瑞拉德则专注于经营价格相对较高的土耳其品牌香烟的生产,直到1924年,其主要推广低价位、混合烟草的目标一直没能成功实现。在前文提到的文章发表之前,罗瑞拉德的管理层发生了变动。

预测与结果

在文章的最后几段有着关于这四种股票的如下评论:

美国烟草公司——"有关经营收入的记录始终如一,看起来有权按投资等级发行股票。总的来说,该股票有着很大的吸引力。"

利菲特和迈尔斯公司——"去年每股收益和雷诺烟草公司去年一样多,这家公司的发展经历与雷诺烟草公司不尽相同,但股票的收益却非常有吸引力,前景一片大好。"

罗瑞拉德烟草公司——"一直到1923年,发展一直都不错,但其股市下跌是否是暂时的还有待进一步观察。"

雷诺烟草公司——"雷诺烟草公司在行业中应该能够保持它的领先地位。然而,从目前的股票市场形势来看,似乎并不足以使雷诺烟草公司长久保持领先地位。"

烟草工业——"烟草制造商期望美国国家香烟的最终消耗量为平均每人每年1000支,那样这四家公司都能够继续维持繁荣的业务。"

根据这些评论,表14-1展示了这四家公司在1924年5月5日和1929年12月31日的股票市场情况,表中的数值表示了每种情况下的股票的增长值:

表14-1　四家公司的股票情况

	1929年12月31日	1924年5月5日	增长率(%)
美国烟草公司B股	409	140	192
利菲特和迈尔斯公司B股	118.625	50	137
罗瑞拉德烟草公司	16	35.75	-55
雷诺烟草公司B股	155	65.75	136

产品和政策

有关美国烟草公司与利菲特和迈尔斯两家公司的正面评论被随后的股价上涨所验证。正如事实所显示的那样,人们对雷诺烟草公司的评论太过于保守，对罗瑞拉德烟草公司的评论也不够悲观。

总的来说，上述例子是一个很好的盈利分析案例，而且，它需要克服一定的困难才能完成。我们随时可以得到烟草的总消耗量，可以比较精确地估计生产成本。但是，有关品牌产品的数据都被作为商业机密保护起来。相比其他领域，烟草业用来分析比较公司间的生产率的依据更少。

伯利恒钢铁股的政策

在上一章中，两个主要的钢铁股近几年在不同股市的行为成为人们谈论的话题。关于这一点，1921年10月发表于《巴伦周刊》上的一篇相关评论则比较有趣。一位记者正在寻找廉价股票并犹豫是否要以低于50美元的价格出售伯利恒钢铁普通股，在对这位记者的回信中这样写道："也许5美元的分红不会有什么问题，但会有人怀疑这是否能持续，这同样也会提出一个问题，是不是原本诱人的收益就一定会实现呢？"一年之中，该公司没有支付股利，在这篇评论发表时，伯利恒钢铁公司的股息刚刚够5美元的股利，但公司在工厂改造上一直投有大笔资金。显然工厂改造是降低成本的一个很好方案。同样明显的是大幅度增加收益能力也不可能在几个月中就能实现，在这种情况下，投机者也应该思考和公司董事同样的问题。伯利恒不惜减少营运资本来进行先前制定的改造，又通过债务和优先股来融资以支撑所需成本，并且对费用的支出也先于普通股分红，或者就不分配普通股股息，即使发放股息有时是必要的，这是一个更好的政策吗？

两个工业巨头的比较

伯利恒预期的与公司规模成正比的流动资金要比同行的主要竞争对手少很多，很明显这与股息政策有关。在对钢铁生产商进行比较时，生产规模以年纯铁生产吨数为单位。钢铁厂生产钢板、钢筋、钢轨、钢管和钢坯。某些公司的产品种类要比其他公司多得多，那么钢铁生产商最大的共同点是锭铁生产吨数为单位。1923 年年末全美钢铁产量大约为 5000 万锭吨，美国钢铁公司的生产总量达到 2200 万吨，伯利恒为 760 万吨。伯利恒拥有净流动资金 11972.4 万美元，美国钢铁公司为 45119.2 万美元。按照每吨钢产量所需要的流动资金计，伯利恒这个规模稍小的公司需要 15.75 美元，作为行业巨头的美国钢铁公司需要 20.51 美元，造成这一差异的原因是大型公司拥有雄厚的资金。

我们以资本为基础来比较美国钢铁公司和伯利恒公司，美国钢铁公司拥有 52716 万美元的长期债券、36028.1 万美元的优先股和 50830.2 万美元的普通股，而伯利恒分别拥有 21288.4 万美元的长期债券、5877.6 万美元的优先股和 18015.2 万美元的普通股。分配到每吨的资金比较见表 14-2：

表 14-2

单位：美元

	伯利恒钢铁	美国钢铁公司
长期债券	28.01	23.96
优先股	7.73	16.37
普通股	23.70	23.10
总资金	59.44	63.43
流动资金	15.75	20.51
资本净值	43.69	42.92

美国钢铁公司的优势与伯利恒钢铁形成的差别要比从表面上看起来的还大，这个大型企业拥有几千英里的铁路、多座大型的水泥厂和其他资产，这些都是伯利恒所不具备的，同样美国钢铁公司产品的多样化又是无人能及的。作为一个计量单位，锭吨数不足以用来描述整个股市。

实体单位的运用

投机者在分析产业股和其他股票时，必须随时都要记住，在严格意义上来说，任何两家公司都不能做到绝对完整的比较。对于一些不能在相同基础上比较的因素，投机者必须给予恰当的考虑。某食糖生产商可能拥有自己的炼糖厂，而另一家食糖生产商可能什么都没有。一家皮革制品公司可能仅仅会生产普通皮革，而另一家则生产高档皮革，还有另外一家可能生产皮带。即便像沃尔伍思和克莱斯基这样看起来如此相似的公司，也无法完全相比。一家公司在定价商品时坚持10美分的利润，而另一家在许多商店里都卖得很贵。以实物单元为基础来比较公司，虽然这个方法很有价值，但是由于一些原因，它的运用是有局限性的。许多公司都向多元化层面发展，以至于没有哪个单独的个体能涵盖其所有的业务。比如，联合化学和染料公司制造屋面材料和化学药物，无法依据一些原则将它与其他的化工公司做比较。再如，按吨产量做比较，刚果伦奈恩公司和莫霍克地毯公司都是生产地板材料的公司，但是要根据每平方码产量所需的资本来比较，那未免太荒谬了。

产品生产成本很重要

在比较两个或多个公司的特性后，如果想得到一个公正的结论，那就不能忘记另一个事实。那就是，与一只股票相关的重要问题是获利能力，在相同的再生产价值下，账面价值和未偿付的债务这两个属性在反映收益能力上存在很大差别。因此，两家水泥公司可能年产量相同，但是其中一家公司比另外一家更接近原材料产地和市场，那么它的这两个属性值就要比另一家的好，所以仅仅依靠每桶产量所需的资本来估计证券价值是具有误导性的。公司经常做财务报表，通常看起来都是有理有据的，美国钢铁企业可以使其钢材每吨的售价比其竞争对手低50美分。

如果美国钢铁公司和伯利恒钢铁公司拥有相同的资本和每锭吨钢铁产量所需的流动资金,那么就能有充足的理由来解释这两家公司股价的巨大差异。

投机者一方面在做比较细致的比较后,另一方面要尽可能了解他所感兴趣的公司的某些业务信息。公司的主要原材料和主要产品的价格趋势将是最重要的信息,随着粗糖市场的变化,古巴食糖生产公司的股票市场大幅波动。石油股对石油价格的趋势尤其敏感,原油的周生产量也是影响石油股活跃于股市的一个重要因素。在上面两种情况下,每个投机者都可以很容易得到这些数字。金融出版机构每天给出粗糖的报价,随时报道石油的价格变化,每周报道原油的产量,但其他商品的价格就不那么容易得到了。某投机者,现在手里有几千美元,他想在美国的工业酒精股投机,不过接着在1929~1930年冬天,该投机者又觉得有必要花大力气在酒精市场,这就使得化学贸易期刊连续刊登经历价格战几周后酒精名义上的报价。

分析中的重要因素

通过对上述主要工业股进行简单的分析,我们可以把有意无意影响投机者做出决定的因素列出来。他们会考虑以下因素:

1. 行业的前景
◇ 有长期发展的前景
◇ 利润的当前趋势
  ● 主要商品价格的变动
  ● 竞争情况
2. 公司在该行业中的地位
◇ 同竞争对手相比,公司的规模
◇ 同竞争对手相比,公司的增长率
3. 公司形势

◇ 盈利记录和趋势
◇ 流动资金的地位和趋势
◇ 资本结构

繁荣的行业

投资者开始调研那家公司所属产业时,首先他会想要知道该行业总的来说是否繁荣。根据传统经济规律,竞争使资本回报率保持在一个稳定的水平。如果零售百货行业显著繁荣,根据理论,新的资金将会投入该行业直到互相竞争使利润降到一般水平。假如制鞋业仅仅收支相抵,那么将有足够多的制造商抛弃他们的行业转移到更有前景的行业去,使该行业恢复到原有的平衡。这似乎很符合逻辑,但它假定了资本很容易从一个领域转到另一个领域,这个假设是很不合理的。当行业不景气时,制鞋业不会那么容易就清算业务。为了避免这样做带来的巨大损失,制造商通常尽可能地坚持下去,希望会有转机。这些制造商通晓制鞋行业的有关技术和销售技巧,但是对当时正在繁荣发展的其他行业可能一无所知,这就更肯定了这一自然趋势,因而经济学理论中提出的再调整,很可能是一个非常缓慢的演变过程。

马匹和拖拉机

当然,在寻找低价股票时,逻辑和理论都有它们自己的位置。在1926~1929年牛市的早些阶段,一家著名的研究机构做了一项关于农具行业的研究。同收集到的其他信息相比,马的低出生率有力表明了美国农民不久将会越来越依靠机械化,而不是依靠马的力量。那些得知这项调查结果的投资信托公司,从农具股票上获得了丰厚的利润。

避开长期不景气的行业

在其他条件相同的情况下，投机者都希望避开那些长期不景气的行业，而坚守那些一直都非常兴旺的行业。当然从卖空者的角度来讲，他们的态度是截然相反的，观察的重要结果是这些行业在销路上差别很大。尽管制革商付出很大努力使自己的消费群体相信"没有东西能够取代皮革"，但是很明显，随着国家的发展，制革行业在这几年没有什么发展，利润很少。另一方面，由于公众对烟草产品的需求持续增长，大大超过了国家在人口和财富方面的增长速度。因此，烟草业的经营是大幅并且持续盈利的。投机者应该寻找这样的差异，并尽量估计其未来的发展趋势。

投机者也应该对行业的前景非常关心。公司商品的成交价格趋势非常重要，或是生产过程所需的时间与以往不同，以及在某个季节的产品销量扩大也尤其值得关注，不论哪个原因都会使公司的库存周转率降低。某行业的竞争形势是不太容易分析的，但是它应该被尽可能准确地估计。政策依据关税修订、新发明及进入某一领域的前景都与这一点息息相关。

趋势股对循环股

这么多年来，美国烟草消费量年复一年的增加，几乎从来没有中断过，这是一个很好的解释所谓"趋势"行业的实例。某证券交易者或投资者看完增长记录后，完全可以认为这样的趋势在短期内不会被打破。由于原材料的成本在烟草的零售价格上只占了相对适中的一部分，整体批发价格也几乎不会改变，烟草生产商的利润总额几乎完全随着消耗量的变化而改变，对于这方面的利润，我们至少可以提前一年就能精确地估算出来。

把前文提到的乐观状态与轮胎行业相比，在 1921～1929 年期间，汽车轮胎的生产超过烟草消费量的增加，这是否就意味着汽车轮胎行业将一直兴隆呢？事实却正好相反，这个行业的繁荣时间很短，而且很不稳定。当轮胎行业展现出一个显著的增长趋势时，轮胎的生产量并没有一直同步增加，而是随着汽车行业和总的商业波动而明显波动，而且原材料的成本是轮胎生产的主要部分，棉花和橡胶的价格波动后，随之就是频繁的轮胎价格变动，然后我们就明白了什么叫"循环工业"，它会随着商业繁荣程度的不同而剧烈波动。

每个行业都或多或少显示出明确的长期发展趋势，这个趋势受到周期性变化的影响。在某些行业，长期趋势占主导地位；但其他一些行业里，长期趋势的力量几乎完全被经济循环的变化压制。不论是对投机还是投资，前一种类型行业的典型股票要比后一种行业更能提供安全的投机工具。

顶级公司很少有失误

某公司在其所在行业中的地位对其股票的内在价值的影响很大。顶级公司地位的获得不是由于偶然的因素所致，而是通过较强的管理技能。毋庸置疑，大公司拥有高效的管理团队，即使公司失去了一名或几名管理者，公司依然能照常运营。相比小公司而言，十足的动力和干劲更有助于大公司的持续繁荣，发展到更高境界。但另一些大公司的情况却完全不同，一些银行家会寻求证券去销售，而这些大公司只是他们策划合并的最新产品。总体而言，仅仅从规模上来看，大公司在面临竞争时比小公司更有优势。

比较相对增长

如果能得到可用的数据，我们有必要比较同一行业中的几家公司，来看看它们的销量、利润和财政实力等方面的相对增长率，这些数据将会有很大的用处。某大公司说他们在该行业并没有维持住占总成交量比例不变的地位，这并没有什么不对。在某领域内比较强大的领导公司，比如美国钢铁公司和新泽西美孚石油公司，如今都没有像20年前那样，以占国家钢铁总产量和精炼油总产量不变的比例进行生产，但它们仍然远远领先于它们的竞争对手。随着美国经济的发展，在众多因素下出现了分割业务的趋势。然而在同一行业中的两大知名公司中，一家明显超过另外一家，这种情况就是交易者必须考虑的重要事实。

大量现金的价值

在前几章中，我们已经讨论了如何解读损益表和资产负债表。投机者可能根本不会对那些几年来收益没有明显上升趋势公司的股票持有乐观态度，除非公司的业务发生显著的变化，使投机者相信在近期将会有一个股价猛涨的时机。同样，他也希望公司流动资金水平能有一个相当稳定的提升。有时就新手看来，拥有上百万现金和政府债券的公司一定也拥有着大量的流动资金，这样公司很可能增加股息或者有大笔的收入公布。他该明白储备大量的现金能够确保管理层完全控制公司，其实通常情况下，根本不会用到这么多的现金。如果经济萧条，这提供了一个很好的机会去购买原材料或者兼并其他生意不景气的竞争对手。在这种情况下，没有哪家银行会否决公司这样合理的扩张计划。

公平交易的商业原则不仅适用于工业公司，同样也适用于公用事业公司，两者只是程度上的不同。只发行一种股票的工业公司，那么即便在有利条件下，也很难在每股收入上有很大的增长。许多类型的工业企业，一般都可以在没有利润的情况下增加融资，有时有些公司需要大笔和销售额及利润成比例的固定投资，它们可能会拥有像公用事业公司那样的典型资本结构。在这种情况下，由于股票在整个资本结构中所占的比例较小，盈余总额小幅增加，就会扩大反映在每股盈余的计算上。

高利润是有利的

对于任何公司来说，正常的利润获得都是至关重要的。理论上看，高利润的行业会有更多的竞争对手，而低利润的行业相对比较安全。但事实上，情况却正好相反。肉食品包装行业每 1 美元销售额的利润不足 20 美分，一个很小的意外就会使这些利润烟消云散，所以它很少能够吸引投资商来投资。另一方面，办公设备的生产公司保持着占销售额 20% 的利润，它的状况就好多了，它赚取这些利润的能力靠的是它们产品的质量、受过严格技术培训和生产培训的员工、强大的销售团队以及著名的品牌。比如，某顾客想购买一系列的会计计算器，他当然希望这些机器能够一直无故障地工作，这样价格就不是其重要的考虑因素。那些能够满足购买者需求的办公设备公司就不必担心价格竞争，与那些只需要按价购买基本产品的生产企业而言，它的股票要更有实力。

第十五章　宝藏的传奇史

金融黑市的受害者和那些偏好购买毫无价值股票著称的"孤儿寡妇"，很容易选择矿业股和石油股票作为投机工具。不可否认，从地壳中开采矿产财富的惊险经历有着不可抗拒的魅力，干旱的荒凉之地、北极苔原或者偏远山区的地下都可能蕴藏着大量财富，黄金、白银、铜、铅、锌、锡及其他矿物质或者"液体黄金"的石油等。一般人无法直接参与到看起来很具传奇性的矿产勘探行动中去，但采矿者会向他保证其股票有着巨大的增值前景，这样他们就会通过购买矿业和石油类股票间接参与矿藏开采了。

人们的贪欲是造成推销员们在巨大压力下能轻易卖出毫无价值的矿业股和石油股的一个重要因素。每个人都或多或少听到过一些已被证实的传奇故事：某些幸运儿通过勘探或购买矿业股获得财富。在西部城市居住着一位富豪，30年前他投入到克朗代克河的淘金浪潮中，是少数从中得到一大笔财富的人之一。成千上万的人都知道他的名字，他是采矿可以迅速致富这一事实中一个活生生的例子。

一笔具有历史意义的财富

数十年来，卡鲁美-赫克拉这个名字一直是家喻户晓的。五十年来，每一个矿业股份的推销员都以卡鲁美-赫克拉为例，因为他使一个具有采矿前景的地区转化成了生产富矿的矿场。著名的科学家阿格斯由于发现了这个储量巨大的铜矿，他成了百万富翁，他的家庭也成为富裕老城中最富有的一家。在早期发展阶段，阿格斯和他的助手们被迫把所能凑到的每一分钱都投到矿藏开采上来，境况一度十分窘迫，他们要向员工和交易者提供矿业股票来代替现金结算，清偿其债务，那些参与投资的人也因此而得到了一小笔财富作为奖励。值得一提的是，当少量的股票以这种方式分派时，阿格斯既不需要创建一个复杂的股票销售组织，也不必聘请推销员去挨家挨户出售股票。然而，今天推销投机矿业股的销售人员，却没能让潜在的买主注意这一事实。

一个附加矿床

一个矿井其实很复杂，绝不单纯是矿物质的沉积，这一事实常常被轻信者们所淡忘。发现贵金属或普通金属的蕴藏不是罕见的现象，有的黄金溶解于海水之中，有的黄金被禁锢在费城以前的建筑用砖里。普通金属在全球范围内广泛存在。然而，采矿场由一个矿石储量丰富的矿区加上地下工作设备、轧机、熔炉以及其他一些地表设备、运输设施、技术人员和劳动人员组成。对于一个成功的采矿场来说，矿石的储量、质地和种类、设备的质量和数量、原料及产品的运输成本、员工的性格都必须有助于开采和销售这些金属，以便谋取利润。

虽败犹荣

假设一处矿体可能含有 500 万盎司黄金，每盎司黄金可以在美国铸币厂兑换到 20.67 美元的硬币，但从低品位矿石地质中提取每盎司黄金的成本也达到 20.67 美元，根本就是无利可图。阿拉斯加金矿公司的历史几乎是这种假设状况的翻版，该公司在阿拉斯加朱诺附近拥有一个巨大的低品位矿场，著名的采矿工程师估计它有着 7500 万~10000 万吨可回收值为每吨 1.5 美元的矿石，预计开采和加工费用为平均每吨 1 美元。该公司发行 300 万美元的可兑换股债券和 75 万股股票进行融资，1915 年在业务开展之初，其股票价格高达 40 美元。

阿拉斯加金矿的实际经营被证明是一个工程奇迹，矿石从采出地面并通过碾磨的成本被降至每吨 80 美分以下。尽管有这样出色的表现，这些矿井依旧难逃失败的结局，实际经营表明，每吨矿石的回收价值还不足 1.5 美元的一半。黄金提取估计值与其提取成本间的差距是把账算错的主要原因，采矿场最终被放弃而其证券持有者也彻底遭殃。

如何为矿藏勘探筹资

到目前为止，我们主要集中讨论了矿藏的勘探和开采阶段。勘探仅仅是感觉某处地下可能含有数目可观的矿藏，要把它变成一个生产矿井，就必须进行开凿并配以装备，这个过程就需要数目庞大的资本支出和大量时间。如果矿场的规模庞大，要想把矿区变成可以生产的矿场，可能需要数百万美元的成本和数年的不懈努力。很少有哪个矿区的地表有着大量的矿石可以用来支付采矿成本。矿藏的勘探者必须以这三种方式中的一种来融资：第一种是出售给大的开发公司，也许保留矿区特许使用权益；第二种是找个有钱人或小型集团来资助他；最后一种是组织一个可以向广大公众分派证券的公司。如果他选择最后一种方法，将极有可能落入金融诈骗的圈套，这些人只对股票交易的丰厚佣金感兴趣。因此，一笔具有潜在价值的财产可能仅仅作为一个诈骗集团的工具，而不是真正去发展它。然而如果这个矿区具有实质价值，它通常在开发初期就可能得到勘探公司或一个小而富裕的集团资助，而不是被当作一个在初期阶段向广大公众分销股票的手段。

在评估阶段，最大的盈利可能和最大的损失风险都存在于勘探期的矿业股票中，一块只用来放羊的贫瘠土地，可能开发后变得价值连城。

在展望阶段购买矿业股的投机者们十分期待大规模分享矿藏开采所带来的利润，然而损失的风险几乎也同样巨大，因为事实证明，每年能够被大型勘探公司——如美国金属公司、美国冶炼精炼公司和美国冶炼公司——接纳的可能性微乎其微。一般投资人完全不应该碰触这类股票。

开采期间的风险

采矿专家签署认可某矿井后，勘探之后便是开采阶段。由于看重其强大的盈利能力，广大公众出资购买其证券，矿井的开采工作和装置配备也相继进行，阿拉斯加黄金债券及股票正是在这一阶段向公众发售的。对矿床的价值、矿石中黄金的比例，以及其回收成本的评估都是由著名工程师完成，而这个项目也是由通过矿产证券为自己和客户们赚了钱的金融家们出资赞助的，基于这样的预估，阿拉斯加黄金股的高价就理所当然了。可惜估计过于乐观，这次尝试彻底失败，对于有着最有利资助条件的采矿场来说，其股票也有着很大的风险。

开采可能会很缓慢

对开采阶段感兴趣的投机者，很容易低估采矿场从开采出有获利的产品所需要的时间，智利铜业公司的例子就证明了这一观点的正确性。1910年和1911年，一个波士顿矿业家取得了智利北部山区一片大面积土地的买卖权，1912年，古根海姆家族对其矿体产生浓厚兴趣，并开始开凿矿石，以便确定蕴藏量。矿山的购置和开采资金部分来自1923年出售的总值1500万美元的可转换公债，年息为7%。随后又出售了3500万美元的可转换公司公债，年息为6%。直到1915年，铜生产才真正开始，其产量在第二年达到4100万磅，这与负责开采的工程师们预计的36000万磅的年产差距很大。1915年其股本为380万美元的股票在纽约证券交易所上市，售价在 23.375~26.375 点之间。

1918 年，智利铜产量达到 1 亿磅，1923 年突破了 2 亿磅大关。1923 年，在未扣除债券利息前其生产成本降至 8 美分/磅以下，且每股股息也达到了 2.5 美元。同年，古根海姆家族以每股 35 美元的价格向康达铜业公司出售了大部分股票，但直到 1924 年才以这样的高价在公开交易市场中出售。

1915 年在矿产开采阶段购买股票的投机者不得不坐等 8 年之久才可以享受到股息分红和一定利润，或许那时智利铜业公司会被认为是全球采矿业的成功典范。

以公式进行评估

大多数在纽约证券交易所上市的矿业公司都在制造财富。可开采矿场的价值也许可以通过一个包含三个参数的数学公式算出，这三个参数分别为矿山的寿命、生产成本和产品市场价值。那些从矿业股中赚到钱的采矿工程师们，就是通过运用这些简单的数学公式来对矿业股进行估价的。显然，人们永远不可能绝对准确地知道这三个参数到底是多少，除非金矿公司的产品总是每盎司价值 20.67 美元。因为地质方面的不可知因素，无法精确计算出矿场的寿命。对于一个深度埋藏、有着复杂地质结构的矿来说，估计其矿石储量所需费用也是高得惊人，因为这个时间可能超过一年。不过，在大多数情况下，还是可以合理估算出矿石储量的。在生产资产的例子中，我们可以得到生产成本的具体数据，该成本会随着矿石种类和商品价格水平的不同而不同。将矿石储量的吨数除以每年开采的吨数就得到了矿藏的寿命。但是除非有足够的理由预测未来有大幅改变，否则矿业股票的当前价值将会一直与当前的生产成本存在一定的关系。除黄金外，金属价格是另一种不确定的变动因素，不过矿业股票的价值依然随着金属市场的波动而波动，从而使那些寻求被低估价值股票的投机者通常可以根据当前金属市场的情况来进行计算。

一个估价案例

从理论上讲，工业或公用事业公司可能会持续经营下去。如果它能够支付每股 2 美元的股利并且可以在 20 美元的价格将股票售出，那么投机者将从购置这笔股票中得到 10% 的收益。一家采矿公司的生命是有限的，如果一个煤矿可能有 10 年的寿命并且每年都可以支付 2 元的股利直到矿石采尽，那么以 20 美元以上的价格购置股票的股民收入将不足 6%，这就是为什么矿业股售价必须要以看上去很高的价格出售的一个原因，这样才能为股东带来一定收入。我们可以从现值表上查到每年 1 美元股利的价值，考虑到再投资导致的资本更新每年总数为 4%。假设我们早在 1923 年就将这个这样一个表应用于赫克拉矿业公司的股票——爱荷华州的一个铅—银生产商——其 1922 年铅产量为 4249 万磅，白银产量为 117.8 万盎司。按这一速度计算，到 1922 年年底，其矿藏储量足以维持 8 年的经营。按照 1922 年每盎司铅为 6 美分，白银为 70 美分计算，则其总收入将达 337.5 万美元。1922 年每吨矿石的处理成本是 4.30 美元或者说处理 23.7 万吨矿石的总成本为 100 多万美元，不算折旧和损耗，其净利润大约为 223.5 万美元，或按 100 万股流通股计算，每股净收入 2.35 美元。充分考虑到折旧，理论上讲，每股有 2 美元的利润可以用于股利支付。再看当前价值的数据表我们可以看到，以 10% 的收益率为基础，8 年中每年 1 美元的股息将升为 4.79 美元，将这个数字翻一番，9.58 美元即为股票的理论价值。

实际上，1923 年赫克拉的成本要远大于 1922 年的，而其净利润却远远低于 235 万元。但该公司继续扩大生产力。然而，铅的价值涨到每磅 9 美分以上，并且 1925 年又发现了新矿，使该矿的预计寿命延长了 13 年，由于这些有利的形势，其股票在 1925 年达到了 18.125 美元的高位。

矿业整合

现代企业规模扩张的趋向在矿业领域也同样存在。许多矿场是由美利坚矿冶公司和美国冶金公司之流的大勘探公司拥有或经营。这种类型的公司一直从事具有开发潜力的矿业市场。比如美国冶金公司在美国、墨西哥和智利境内拥有很多铜、铅和锌的冶炼和精炼厂;并在美国、纽芬兰、南斯拉夫、墨西哥和秘鲁有着许多采矿场;在澳洲、新几内亚和南非拥有矿权;又拥有美国两家知名的铜和黄铜制造厂的股权。这样一个公司从冶炼和精炼以及采矿经营利润中获得稳定的收入来源,这是一个工业而非简单的矿山企业。另一家大型矿业公司就是康达集团,该集团本来只是蒙大拿的一家知名采矿公司,如今它不仅有冶炼厂,而且经营着黄铜生产业领先的国际冶炼公司,并在很多国家设有冶炼厂,包括智利大型铜业、安德烈斯铜业公司和美国黄铜公司,这家公司实际上代表了一个行业而不是一个采矿企业。肯尼科特在阿拉斯加州有自己的铜矿,并控制着阿拉斯加州、犹他州、内华达州和智利的其他铜矿,有自己的铁路和海上航线,以及一个重要的铜制品厂。越来越多的采矿公司开始扩张它们的利益,并准备无限延长矿藏寿命。分析这样的大企业要比分析那些只有一个矿场的小公司要困难得多,但是总的原则还是一样的,并且利益的多样化也大大降低了采矿不可避免的风险。

损耗的重要性

损耗和折旧是一家采矿公司收入账目中的两个扣除项,但对这两个项目,投机者本身不需要过于关注。如果投机者很有头脑,他应该明白他的红利不仅代表了资本回报,还代表了资本返还。他并不指望矿业公司设法从利润中以现金的形式积累一部分出来作为基金,以便在矿石采空时按股票票面价值再支付给股东;另一方面,政府也承认,从企业所得税的角度来看，理论上这一项积累的资金足以偿还股东为收购、开发矿场和购置设备所花去的费用，如果不允许从利润中扣除一部分，这是不公平的。在计算该公司的应税收入时，我们有必要为矿体的损耗和设备的折旧留出储备金。至于企业如何使用这笔储备金，与政府无关，但它可以（事实上也通常是）将这笔资金的很大一部分以红利的形式分派到股东手中。矿业公司这部分来自损耗储备金而不是盈余的红利是不需要支付企业所得税的。

从所得税角度来看，为了使账目始终处于有利条件，很有可能会出现这种情况，一家矿业公司将支付的红利要比几年所赚到的利润还要多。不过投机者既不会对这些扣除折旧和损耗后的净收入感兴趣，也不会对那些因为储备金支出产生的账目赤字感兴趣。如果扣除折旧和损耗前的净利润能大于股利的要求，如果公司流动资产净值维持稳定，那么投机者就会感到十分满意。

投机矿业的技术壁垒

讨论矿业股不用下述若干名词，根本不算完整。投机者必须熟悉，采矿场、石门、透镜、斑岩、废岩、浮选、坑道顶壁、杏仁岩、煤矸石、漂移和耐火材料等很多术语。投机者在能够理解一篇采矿报告之前，必须先熟悉这些以及其他许多技术术语。如果他要研究地质经济学，他会发现这是一个不错的题目，它是一个对有可能获得成功的矿业股进行广泛投机必须经过的步骤。也许一般投机者不会倾注大量精力到矿业股上来，对于充分理解工业股和公用事业公司股票的利弊来说，技术因素本身是一个广阔的研究领域，而且这种证券的获利机会至少不会比矿业股低。在金属市场前景看好时，偶尔涉足可兑换矿业债券、或开始生产的知名矿业股和一些大勘探公司的股票，对于大多数投机者来说，通常就已经足够了。

石油的年轻时期

在现存人类的记忆中，世界石油工业始于1859年宾夕法尼亚州石油的发现。现在，宾州石油成为最大的产业之一，仅在美国就为2000万辆汽车供应燃料，同时也为世界上很大部分的航海运输提供燃料，照亮了全球那些没有燃气没有电力的落后角落，为机器提供不可或缺的润滑剂，要知道机器没有润滑油连五分钟都运转不了。到目前为止，从地下提取原油这一操作方式，使石油工业与采矿业有很多共同之处。发现石油的地下贮藏位置仍然需要运气，提取石油也是盈利的一种有风险的尝试。相比较而言，石油行业里的运输、提炼和销售远比矿物产品重要。因为它是一种液态原油，它的运输需要特殊设备，如油罐车、油罐船和管道，在石油工业中数十亿美元就是投资在这种设备上的，而对于采矿业则没有这样一笔开销。同时，石油精炼产品分销所需要的大笔投资是采矿业所不具备的。

生产、运输、提炼和销售

如果石油公司的业务继续局限在开采原油，整批销售，从而让聪明的投机者对其公司的股票产生兴趣的可能性很小。只是开采地下原油的公司，如果想在这个领域内占有一些份量，通常都会在很多油田拥有开采权，以便稍微降低这方面活动的风险。然而，那些举足轻重的石油公司会在很多领域都有投资，从而一定程度上减小了某一产业分支的风险，而为人所熟知的非法石油股却对那些不老练的投机者有着很强的吸引力。这些股票仅仅代表了对某块土地的部分所有权，而这块土地可能有也可能没有与付款数量相当的石油。即使假设有诚实和高效的管理层，开发这种土地的风险还是非常大的。不仅很少有石油公司只生产原油，而且很多大公司对原油的生产根本就不感兴趣。直到最近几年，美孚石油公司传统的政策才使"其他同行"承担起石油钻探的风险。多年来，美孚石油公司致力于石油的炼制和销售。大部分顶级石油公司投下巨资，设立炼油厂，为了确保有充足稳定的原油供应，它们就要深入到原始的勘探与开采中去，但仍然有一些公司的原油是全部或很大一部分从其他渠道买来的。

输油管道公司的难题

有些公司只做石油行业中的运输业务，这些大多是经营管道或油罐车运输业的美孚石油公司的分公司。这些管道公司都处在一个极为不利的情况中，像木材铁道一样，它们的运输量最终会小到无利可图的地步。作为1912年强制解体法令的结果，这些管道公司的繁荣在接下来的17年里逐渐走向衰退，这与大多数从新泽西美孚石油公司解体出来的公司的繁荣历史形成鲜明对比。它们大多经营短线服务限量供应企业的服务区域，或者经营从大陆的中部到东海岸炼油厂的主干线中的一部分，而这些炼油厂发现通过水运购买原油更便宜。相反，大的油罐车公司却取得了长足发展和收益能力。就在我撰写本书时，形势已经有了某种程度的扭转，使用管道运输汽油——一项迄今为止只局限于油罐车和油轮运输的生产活动——正在迅速的发展。

广阔的生产规模

如今典型的大型石油公司的业务范围覆盖了整个行业。它们不仅可以从自己很多不同油田的油井中获得原油，而且还可以从分布于几个大陆的油田中获得。它们自己的管道和储罐船舶可以将这些原油运到自己的炼油厂，并把石油产品运到市场上。炼油厂从原油中提炼汽油和其他产品，在这些产品中，石油是赚钱最多的。煤油曾经是粗制汽油的主要馏出物，如今相比汽油而言，也成了一个小型商业产品，在远东和世界其他一些偏远的地区还有着广泛的市场。润滑油，因为没有什么东西可以替代它的地位，而成为不可或缺的商品，但仅在该行业贸易额中占很小一部分。燃油是炼油厂的另一项重要产品，通常它是一种低品位原油产品，或许也是那些仅仅准备提取一小部分汽油，然后留下大量原油作为燃料油的炼油厂的主要产品。随着炼油厂的炼油技术的不断进步，每桶原油中提取的汽油和其他有价值的产品提取比例也不断提高。大公司炼油厂的产品已不再仅仅是批量出售了，而是把产品大规模地配送到自己的加油站，然后通过加油站向外零售。

石油股和产业股类似

分析石油类股票像是在分析工业股，而不是矿业股。我们必须将损耗因素计入石油公司的账目统计中，但对于大公司而言，这一项目并不重要。它们所拥有的油田通常非常分散，以至于投机者根本不需要担心他们的供应源会中断，而这恰恰是分析矿业股的一个重要因素。在计算石油公司股息收入时，扣除损耗之前（但是对厂房设备折旧留出足够的备付款以后）的收入通常会被作为正确的数字，就像所有其他类型的公司一样，过多的折旧储备金可能会表明某一股票的价值被低估了，反之则反。

随处可得的统计数字

石油股的总价格水平的波动与原油价格和储量的波动息息相关。如果在发现油田的地方，其土地所有权很分散，那么这些土地所有者肯定会争着去开采石油，因为没有立即开采石油的土地所有人只能看着他的邻居们从自己的地下无偿地将石油采走，而自己得不到任何补偿。由于盲目开采时有发生，经常会出现地面石油的供应量在大幅增加，而其产品价格却在下降的情形。在这种情况下，石油股票的价格根本不会上涨。另一方面，盲目开采者可能数月都不会再发现新的大油田，随着原来的油田生产能力的不断耗竭，又没有新的油田出现，石油消耗量逐渐增加，原油价格就会自然而然地上涨，这时原油股票的价格可能会随之上涨。每周都会有产量和石油储量公布，原油和汽油价格水平的变化会引起公众的广泛关注。

一个诱人的投机领域

投机者会在众多石油股票中找到有潜力的投机媒介。这个媒介范围广泛，有的公司只拥有储藏石油土地，但地下是否拥有石油却是个未知数；有的公司拥有散布各地、正在生产的油井，还有提炼油品，以及再销售给消费者的所有销售设备；有的公司主要在如墨西哥等政局不稳定地区经营的公司到只在美国国内经营的公司。总之，他可以在金融出版物中找到关于公司和行业状况的大量信息，得益于"石油"这个字眼的魅力，他可以买很多公司的股票，总是有很好的市场来购买或出售这些重要的股票。

第十六章　财务手术中潜藏的利润

医术高明的医生通过手术可以使一个生命垂危的患者转危为安，逐渐康复，并在不久后使其恢复自己对社会的价值。财务界和医学界一样，都需要手术治疗。某企业拥有大量交易额，以及雄厚的资产和优秀的员工，但由于资本结构不平衡或缺少流动资金而导致其不能盈利。由于缺少盈利能力，公司可能无法通过销售债券或附加股票这种普通方式来融资，那么我们有必要对其资本结构进行调整。这是一项任务，需要通过某些人的努力对财务进行手术，能使一个弱小的企业变得强大起来，同时使债权人和股东获益。

成功取决于管理阶层

公司无论是自愿还是非自愿，都没有必要采取重组这种措施，或许仅仅通过改变管理模式就足够了。企业的成功很大程度上取决于管理和经营方式，经营企业的方法不断发生改变，企业的管理层应该很敏感地意识到这些变化，并采取一些能够促进发展的新措施，摒弃过时的方法。尽管一个企业拥有雄厚的资产和很大的名气，而且有广泛的客户源，但是只有这些是不够的。一个大型企业空有丰富的资产、著名的品牌、良好的名声以及悠久的传统等竞争优势，但如果该公司的领导层得了"动脉硬化"或是"大脑组织萎缩"的病，或是它们的继承人认为继承的责任不公平，这都将导致公司不再盈利。在这些情况下，单纯强劲的势头不足以使公司向前发展。一群比较年轻、比较积极的人会取而代之，成为业界领袖。

洞察力加经验

仅凭工龄成为公司的领导好像无可非议。艾尔伯特·加里或者乔治·贝克，尽管他们已经年过八旬，但是比起那些五十多岁的执行董事，他们在心理上更年轻，更喜欢接受新想法，有着更加果断的判断力。拥有三十年的从商经验和知识，成为他们最大的优点。然而，随着年龄的增长，他们不能够继续保持机敏的思维和对新事物的快速接受能力与果断的判断力。如果某个公司被这样的领导人所掌控，那么该公司的收益率很可能会下降。那么只要改变管理层，就可能恢复公司在行业中的领先地位。

一家企业，如果拥有稳定成熟的业务和雄厚的固定资产，经过重组或更换经营阶层，诸如新的活力，这样的变革就会使公司明显处于强劲的竞争地位。在碌碌无为的管理层被淘汰，有抱负的新管理层开始执政之后或成功实现有效的公司重组后，证券价值的改变要比正常情况下成功经营公司的股票增值得快，所以这些变化会给投机者带来巨大的利润。重组这个字眼就足以吓跑了普通的投资者，新管理方式到底如何还是个未知数，结果，在那些"金融医师"手中合并形成的公司，其股票经常会被投资者放弃，这种情况给投机者提供了很好的机会。

自愿重组和非自愿重组

当一家公司在财务上遇到了困难，致使它的资本运营能力被削弱，信用等级降低，正常的融资渠道被破坏，通常它可以不通过破产托管进行自愿重组，或者经过破产托管非自愿重组这两种方式中的一种来恢复地位。由于法庭认定托管人从股东手中接过财产所有权需要支付昂贵的法律费用，并且不宜对外公开，那会动摇客户的信心，因而公司通常不会诉诸破产托管，而是去通过自愿重组实现既定目标。由于自愿重组要求几乎所有相关人员的一致同意，包括债权人和股票持有人，所以这是一项很艰难的重组任务。当重组圆满完成时，时常会有意外发生，由于重组的条款对证券持有人太宽松，以至于无法彻底实现"手术"的目的。投机者比较喜欢有效的重整，这样公司恢复得更快，随之而来的股价上升幅度也会比较大。

破产托管和彻底破产

通常公司都是进行破产托管后再进行重组，这是在公司不能如期偿还债务，联邦法院对该事实进行核实后，将指定某官员对财产进行管理。值得注意的是破产托管和彻底破产的意义是不同的，彻底破产只有在公司的债务超过资产时才适用，而破产托管是发生在资产仍然超过债务的情况下产生的。但是许多资产都是固定的，并且在很长时间后才会被确认。如果债权人强烈要求还债，公司就会试图用全部的流动资产并且可能动用其他资产来还债，在这种情况下，根据债权人的申请，法院为了保护所有相关人员的利益将会指定一个托管人。政府有责任一直保护所有的资产，同时使所有债权人享受公平的待遇。对于公用事业公司或不论多大规模的工业企业，托管人将直接管理财产。通常情况下，公司的董事长将是其中的一位托管人，可能还会有一些杰出的律师，由他们共同接管。

破产托管人维护债权人的利益

破产托管人的首要任务是代表债权人的利益保护资产的价值。当公司财务恢复到良好状况时，破产托管将会结束。如果没能筹集到新的资金，很少有破产的公司能够因为运气突然转变而脱离困境。1914年第一次世界大战爆发，摩刊泰尔国际海洋公司由于多年的损益记录都显示亏损，无奈进行破产托管。这场战争开始被认为是一场灾难，结果却为海洋公司带来了滚滚财源。1916年，海洋公司通过破产托管东山再起，不但没有通过出售证券来筹资，而且还一次性还清了大笔长期债务，并建立了良好的信用，这是一个不同寻常的案例。破产托管即将告终之际，通常是证券持有人亏本出售其股票，同时这些股东要向法庭支付一定费用来对公司资产进行评估。

收益能力的恢复

进行破产托管的公司在制定一项成功的重组计划之前，它必须先恢复收益能力，这个过程是相当漫长的，有时甚至需要几年。托管人不必费尽周折去履行公司义务、支付利息，除非在重组中债权人的抵押权问题依然没有得到解决，但公司可以把这些可得收入投入到公司财产中。也许公司为了避免破产托管，常常会忘记维持公司的稳定要优先于破产托管，公司要以固定成本为代价来支撑现金账户。接着托管人会改变策略，以大笔费用为代价尽一切可能来维持公司。在法院的许可下，他可以通过托管人认证来贷款，从而获得一个优先于未偿债务的财产抵押权。当将公司资产保值后，他必须增强公司的收益能力，以鼓励更多的股东参加到公司的重组中来，但这需要相当长的一段时间。1908年经营着纽约地面铁路运输事业的美国第二大铁路公司被破产托管，一直到1929年公司才重组结束，除了托管人的证券外，其他公司证券都不存在了，托管人有权接收的也仅仅是公司新发行的股票。

优先求偿权

理论上讲，一家公司在破产托管期间进行的重组应该是个很简单的过程。举个资本结构相当复杂的例子，假设某公司发行三种债券、两种优先股和一种普通股。这三种债券由第一抵押债券、第一换新抵押债券（实际上也就是出于各种目的的第二抵押债券）和普通债券组成。两种优先股是第一优先股和第二优先股。在清算中，未支付其他债券任何利息之前，第一优先股享有票面价值和累计股息的优先权，而第二优先股只能在支付普通股之前享有这些待遇。理论上，应该变卖所有财产来偿还债权人，第一抵押债券将全部用来偿还债务，所有剩下的余额用来支付第一换新抵押债券。如果余额足够用来偿还全部债务，还有剩余的话，就可以用来支付普通债券，应该仔细计算债务的结余，因为所有剩下的余额将分给优先股股东，以此类推。

理论和实际

金融界和其他领域一样，理论和实际有时也会存在差距。实际上，陷入破产托管的大公司将不会按照理论所描述的那样进行清算。首先，托管人手中掌握的资产大部分都是固定资产。如果公司还有大量的流动资产，通常就不会被托管。在公司财务报表上，固定资产可达上百万，这可能会产生很大的成本，如果将这些资产用于生产，成本可能会更大。事实上这些资产没有产生利润，或者也将不可能有接管人，在这种情况下，没有哪个集团愿意出巨资来收购它们。如果把这些资产作为一堆垃圾处理，其价值恐怕只有持续经营中的一小部分。如果希望避免破产，唯一的选择就是除去所有高级证券持有者，再将证券持有者重新组织一个新公司，买下原本就属于他们自己的这些资产。

以最简单的话来说，对于陷入破产托管的公司，这就是公司重组。重组后的新公司购买旧公司的财产，以不同形式收购原公司债券持有人的债券。由于债券持有者对公司财产有着优先债权，他们通常在谈判过程中占据主导权来确定谈判的形式。然而除了在一两件优先问题的谈判上，他们的地位并非坚不可摧。第一，他们通常是分散的，很难达成采取一致行动的意见。第二，他们本身是债权人而不是业主，他们渴望有固定的资本回报和退款，而不是风险和作为业主的利润。第三，如果想让公司恢复元气，显然就需要额外资金，但债权人通常不愿意拿出额外的钱。第四，他们过去对于公司的经营管理没有表达意见的权力，现在很可能也没有作为新的管理层的经营能力。

股东地位

虽然理论上股东的地位比较卑微，但股东在总设计方案形成过程中还是有着一定优势的。首先，他们很可能愿意再出资来收回自己已经损失的钱。其次，他们选举了管理层，而这些管理层要寻找再次获得成功的机会，至少要恢复高级债券持有人以前投资的大部分固定回报金。如果高级债券持有人在谈判中给低级债券持有人太大的压力，后者可能会说："好吧，拿走你的财产，我们不想在这么苛刻的条件下参加重组。"由于高级债券持有人想要的不是他们持有这些债券公司的财产，这样的威胁往往可以使他们回到谈判上来。股东也通常可以参与建立在宽泛基础上的公司重组。

破产托管的结束

当破产托管人使他管理的财产和收益能力充分恢复后，当债券持有人已经打消了他们反对合理重组计划的念头并取得一致意见后，破产托管将要结束，然后将这个重整计划交到债券持有者手中。可能大多数的债券持有者已经把他们的证券寄存在代表他们利益、负责拟定重组计划的不同自救委员会。在一般程序下，这些人现在有机会取回他们的债券，以便来表明自己的不同意见，在有限的时间里没能取出这些债券的人将会被自动认为同意。通常情况下很少有人会退出债券，相反，原本没有存储债券的人，现在可能会一直存储债券，直到90%~95%的债券持有人同意此计划。这项计划也要提交到具有司法权的法庭上，并得到批准。

法律程序

当利益各方基本上取得一致同意后，托管财产的新公司就组建起来了。为了保持原公司良好的信誉，新公司通常采用同样的名字，或者是只有一些小变化的相同名称，但是要在别的州进行注册。重组委员会会取消原公司为保障债券发行的抵押，法庭制定一个上限价格，在这个价格下可以出售公司财产，然后举行公开拍卖，通常不会有其他竞拍人出现。现在新公司的债券就要根据计划上的条款开始发行，所有人都希望新公司会比它的前身有个更美好的发展态势。新公司要相应地有良好的装备和充足的营运资金供应。新的管理层无疑被新的热情所鼓舞，而且财产的审核也会给公司带来好处，这些财产要从实质上尽量协助公司取得良好的运营效率。

当时间不利于投机者时

在关于投机的计算中，比较容易被低估的一个重要因素就是时间。当一家公司进入破产托管阶段，投机者就会在某个观点影响下去购买其股票：这个观点就是该公司已摆脱厄运，其发展必定会十分美好。一般而言，这个观点还是比较有根有据的，但是投资者不要忘了破产托管可能会是一件耗时很长的事，在这期间可能会有关于公司的负面新闻，投资公众的兴趣也随之陷入低谷。而且在此期间，他要放弃所有的资本回报。他还要牢记在购买无收入证券时，他可以通过购买稳定的收益率为6%的投资股票使自己的资本迅速增值，然后把收入再做投资。比如说在为期三年的破产托管期前夕，他以50美元的价格购买某一债券，他应该记住这份债券在破产托管期结束时至少要值59.75美元才能给他带来6%的资本回报，而且是按半年计。因此，从简单的数学计算来看，应该延后投资处于破产托管期公司的证券，至少要延后到重整条件清楚之后才投入资金。

令人沮丧的拖延

从法律上来看，破产托管和公司重组都会涉及很多负责的问题。即便是所有的证券持有人都基本上同意并宣布计划生效，而且新公司已建立，先前股票的出售也已终止，但发行新公司股票和号召原公司股东购买新债券实际上仍然会有延迟。在通常的保守主义下，新公司直到几个月以后才会启动它的股票利息。银行家和其他一些企业重组计划的公布表达了他们对企业未来的信心，然而一旦事情有所延误之后，最初的热情可能变成沮丧。从宣布计划到最终实施期间，股票是基于"股票已发行"的假想进行交易的，而且在这些股票真正发行后不久，新证券的市场行情会受到负面的影响，许多信誉比其银行账户信誉好的投机者会在交易开始时就购入这些假想已经发行的股票。合同签订后，经纪人要求他们实际付款时，之类投机者才会出售这些证券。

股市活动的正常秩序

当重组公司的股票处于"已发行"状态时，会呈现出明显的上涨趋势，然后伴随着第一股热情消退后、在新公司公布真实结果之前下跌。然而如果这家公司重组状况良好，去掉一些没有利润的财产，它的资本总额就会大大减少，财务实力大大增强，因而新证券的价值就不会在几个月或几年内有大规模上涨的希望。有着收入的投资者和不耐烦的投机者一样，都会被破产管理和重组这一冗长的过程所淘汰。新证券可能会主要集中在一些"强手"——那些不曾因为几美元利润购买证券，却又有能力使公司财产从低点翻身的大股东手中。

银行家的威望

还有一个原因能使重组公司证券涨价，那就是想同这家公司的银行希望维持自己的名声和信誉。卖掉一期发行债券并因此为某公司所认同后，一般银行都会对它的客户产生很强的责任感，关注着公司未来发展和债券的最终命运。如果发生无法偿债的状况，十分负责的银行就会不惜花费时间、金钱和精力，用起初赚到的利润来尽力补偿客户蒙受的损失。银行在这方面的处理态度差别很大，但投机者应确认银行家对相关公司的声誉如何评价。

从证券重组中寻找利润时，投机者首先要确信重组计划完善，其次是该公司涉足的行业前景相当明朗。如果某公司业务长期不景气，效益不好，并进行重组，那么原公司股东也是出于希望而不是准确判断才投大笔钱来组建新公司的，这种形势下投机者根本不会产生任何兴趣。另一方面，重组计划可能只会产生部分成效，但是如果基本情况有利于新公司，那么它的证券就会产生大笔利润。前面的章节已经探讨过如何分析个别产业的状况，这里没有必要进一步说明。但是重组分析条款是值得我们注意的。

标准化的重组小组

近几十年来，金融领域的重组经验已经十分丰富，重组行为已变得十分标准化。对于某家陷入重整的公司，假设该公司拥有特定的资本结构，特定的正常获利能力，对于额外资本存在特定需要。在这种情况下，机智的投机者就没有必要在那些保护委员会的办公室里安装窃听器来了解最终的重组条款到底将会是什么样。铁路公司重组可能是最标准的，大部分美国铁路至少已经历了一次托管，其中一部分已经历了两次。关于各铁路重组的详情随时可供研究，其重组结果也为众人皆知，而且一些总的原则是可以借鉴应用的。

铁路局重组

不论铁路公司的规模如何，我们都可以放心地假设它的财产会一直运营下去，不会减少很多运输里程。某些资产对铁路极为重要，利用这类资产作为第一抵押担保的债券都会经历破产托管，但不会产生重组，这对于设备信托责任来说是永远的真理。通常对最重要路段的第一抵押债券也是这样，一看地图或者如果对该区域的地理很了解，就可以指出哪段里程的交通最繁忙。由于破产托管是净收入不足以抵消固定费用引起的，因而某些债券会历尽磨难。持有人必须牺牲的自然都是低顺位抵押债券、信用债券、由不重要路线担保的债券等。这些证券可能被迫交换收益债券、优先股，或两者兼备。如果收益债券或调整债券已经开始发行，就要制定新的抵押授权条例，以便日后完善财政。

要立即满足现金需求，就要对股票进行估价，根据股东的股价以票面价值分给他们新债券。那些花钱进行评估的股东，他们将来要把手中的股票换成新公司的股票，尽管数量可能会减少。那些不付钱进行评估的股东的股票将来会大幅贬值。新公司通过这种方式，把固定收费降低到远低于资产的正常获利能力。然后，不论是由总收入增加带来的增长，还是由高效运营带来的，一旦获利能力提高之后，调整债券或收益债券就会受到人们关注，不同的股票也会及时建立不同的股息基础。

艾奇逊铁路局早期存在的问题

艾奇逊铁路局，可能是美国今天实力最雄厚的铁路公司之一，但这家公司在 19 世纪末，却经历了两次重组，一次是 1889 年，当时没有被取消抵押品赎回权，还有一次是 1894 年，经历了破产托管重组。后面这次重组的做法相当激烈，总值 2.32 亿美元的债券和总值 1.02 亿美元的股票，换成总值 9700 万美元年息 4% 的普通抵押贷款，1995 年到期，以及面值 5200 万美元年息为 4% 的调整债券，1995 年到期，调整债券的利息是在公司获利后才支付，另外还包括面值为 1.115 亿美元股息为 5% 的优先股和 1.02 亿美元的普通股。除了固定费用的大规模减少外，为这个目的创设了大量普通抵押贷款和清算债券，从而为改善融资渠道打开了一条通路。债券的大笔减少，保障了债券的地位，严格管理下初级债券要变得有价值还要靠铁路生意的正常增长。新优先股的售价在开始之初低至 14.125 美元，在两年内它翻了一番，到 1900 年其价格达到了投资级别。就在艾奇逊铁路局重组结束后，新的普通股售价低至 8.25 美元，两年内它翻了三番，在 1901 年则达到了 91 美元，并且进入了投资级别。

工业公司不像铁路公司那样一体化，而且重组过程标准化水平要低得多。总的来说，任何用来终止破产托管的计划都可能要比铁路公司的有效得多。公债也可以完全还清，就像 1925 年弗吉尼亚—卡罗莱纳化工公司的重组一样，长期债券会被完全清除。如果任何债券都被允许保持继续流通，那么重组者就会特别关注新公司的固定费用是否会在可能的收益能力的范围内。有经验的重组负责人会坚持让新公司在拥有十分充足的周转资金供应后，再开始营业。对此，投机者在研究计划时要特别仔细研究这两点。

市场价值比较

我们将新公司与旧公司做个有趣的比较，这个比较能为投机者带来利益。在市场的公平评估下，按照平均价格评估证券，那么在普通年份里旧公司到底价值多少呢？这个数字应减去重组时取出的财产估价。另外，投机者尤其关心周转资金的变化情况。现在将这个数字与市场上新公司的证券相比较，后者总额很可能要小于前者，两者间的差价衡量着重组公司证券在该行业中投资公众和投机公众的估计下恢复到前者的水平时可能产生的增值。投机者必须根据他对该行业未来前景的预测，以及对其管理能力的评价来衡量这种恢复的机会到底有多大。

第十七章　未上市证券的交易

很多投资者和投机者说"我从不做场外交易",由此数千种有可能带来很好的投资或投机收益的证券就被排除在外。如果他们坚持自己的立场,就可能完全忽略储蓄和保险类股票,以及很多健全的公用事业股,还有众多价值参差不齐的工业类股。在铺天盖地的指责谩骂声中,想将数量如此之大和种类如此之多的股票都选中,这将是一种很极端的策略。相反,聪明的投机者将会想去了解一些未上市证券的市场,了解场外交易与场内交易的区别所在。

准确的报价

上市与非上市证券交易的第一个也是最明显的区别在于:后者难以得到准确的报价。《华尔街日报》和纽约其他日报以及其他城市里的主要报纸每天都会完整地报出纽约证券交易所的成交量,这些报价经过精心编辑,准确率超过99%,它们代表着股市上真实的公开交易。在这里买方和卖方都要受到各种各样条例的制约,以便维护投资者和交易者的利益,类似的报价在纽约证券交易所和其他股市交易所都可以轻易得到,并且同样很准确。

虚卖

很明显,在某一时间以某一价格出售某一股票对投机者来说意义深远。他知道自己会以什么样的价格购置某一股票,然后再以什么样的价格出售;而场外投机者则得不到关于价格的可靠信息。当然很多未上市股票就在波士顿、纽约和费城每周举办的拍卖会上被购买或出售,投机者可以了解到关于这些交易的记录。个别股票每隔一段不确定的期间才会发生交易,成交价格也未必代表真正的市场行情。在纽约证券交易所内严格的条例限制下,虚卖是不可能发生的,而且交易所的成员也绝对不允许在拍卖会上竞拍。虚卖是指某证券交易者为了建立市场行情,自己与自己进行的交易。交易者所持有的某种股票数量一旦累积到某种程度后,或许会在公开场合自行交易,让价格略高于实际价值,然后为其公开交易赢得一个公开记录,这样将有助于他分销自己的股票。出于不同的原因,许多一文不值的证券每年会在拍卖会中被抛售,以此来制造损失达到逃避所得税的目的。拍卖会上以某一价格售出的未上市股票绝对不会为某一以此价位或差不多价位出售的股票建立真正的销路。感兴趣的投机者应该确定该报价是否仅仅是单个竞拍者的报价还是许多想大笔购买证券的竞拍者的报价。

出价和要价中的错误

通常来说,我们只能得到未上市股票的出价和要价。金融中心的主要日报正准备每周或更短时间公布一次重要的未上市股票及债券的报价,这些报价是由专门从事"场外交易"的知名公司开出的。这些公司不是在每一笔交易上收取一定佣金的经纪人,而是利用自身资本进行交易的自营商,希望以最低价买进,最高价卖出,往来对象包括公众和同业。有时他们也为执行一笔订单而从客户那里收取一定的佣金,但这笔佣金只够支付交通费。基于这种原因，他们理所当然会为出价和要价留出足够的差价空间，以保证可观的利润，并考虑到一些错误对利润的影响空间。公布出来的出价和要价有误差的另一个原因是，由于某公司可能在某一时刻并不知道当时股市中最低的出价和要价，所有这些误差导致的最终结果就是，投机者必须把已公布的出价和要价仅仅作为一种可以说明买进和卖出价格水平的概况。

选择场外经纪人

那些对未上市股票感兴趣的投机者自然会首先选择一个大致的行情价格，然后再选择一家公司来进行交易，这样做并非易事。法律上有句箴言，叫"客户自行负责"，这完全适用于未上市证券市场。投机者如果没有经过介绍，就贸然走进一家公司，他可能会以最高价格买进未上市股票，然后再以最低的价格卖出。如果他走了六七家公司，那么他的咨询或许会给股市带来灾难性的影响。即便是一笔10股的单子，如果向多家公司询价，他也会感到该股票的出价很活跃，其得到的最差结果也就是和某一公司建立关系，然后老老实实地任人摆布。在与这样一个陌生的公司交易时，投机者当然会在第一次咨询时使用简单的办法来隐匿自己的身份，比如他想购买100股某未上市股票，他可能会问对方可以以什么价位将手中的这一股票处理掉，老练的报价经纪人很可能会把卖价说得比第一笔报价高很多。

投机者更希望可以找到一家可靠的公司来合作，而不是在寻找交易公司进行合作时去相信那些天真而侥幸的谎言，因此他很可能让他的银行和几家经纪人公司推荐两三家他们认为最值得信赖的交易机构，在这些信息中最受推崇的那家公司，也许会赢得投机者最多的信心。在投机者做调查的过程中，他肯定会问这家公司信誉是否良好，除非被询问人与投机者关系密切，或者被问起的那家公司臭名昭著，否则他们的回答通常是很谨慎的，毫无价值。

如果投机者从事上市股票交易的地方也设有未上市证券部门，或许可以避免这方面选择的困难。很多证券交易多的主要会员公司为了方便客户，都设有这样的交易部门。就某一未上市股票而言，这种交易部门可能不像某些专业交易商那样接近市场，但在交易安排上，这些部门所处的地位至少胜过别的公司；一般来说，他们提供的服务是要收取佣金的。

总是存在的差额

那些习惯经营上市股票的投机者对未上市证券提出的主要异议，在于报价与售价之间的差额过大。事实上，这个差价并不过大，那些批评家没有意识到，即便对于上市股票来说，这种差额也是相对存在的。然而一般证券商会习惯性地根据上市股票的销售情况看报价，很少根据出价和要价的数据看报价。相反，只有在未发行股票上市的时候，他们才会经常关注出价和要价的数据，却很少关注销售价格。然而，某一时刻，出价和要价的数值之间总是存在一定的差额，差额的大小与股票市场的活跃程度成反比。假设这种差额在像美国那样活跃的股票市场中只有0.125美元或0.25美元，一只十分活跃的股票的报价比要价要低1.5~2美元；如果某只股票每天只售出一两百股，差额可能就会达到4~5美元；对于不频繁出售的大量上市股票，该差额可能是10美元甚至20美元。例如，在证券交易所的大厅里，诚信凤凰火灾保险公司的报价是65.625美元，而其在证券交易大厅的要价为70美元。一只未上市的哈特福德金融服务集团的股票，不通过交易所直接售给顾客的报价是74.50美元，同时场外交易公司的要价很接近市场价格，为76.50美元。

银行家的态度

投机者不愿意从事未上市股票的交易，另一个原因是这类股票作为银行贷款的抵押品，限制很多。那些接受证券作为抵押、向储户发放贷款的银行家主要是对抵押物的销路而不是质量感兴趣。他更喜欢那些高投机性的活跃上市股票，而不是那些销路不好、很难卖出的高投资性证券。而且对于银行家来说，他们可以立刻知道上市股票的报价，相比那些自己从来都没听说过的未上市股票，这样来确定他们的贷款是否安全要容易得多。拿起桌子上的《华尔街日报》来看看某一股票在股市交易所的实际成交价，要比找到1只未上市股票的行情，再判断进出价的价差大概多少，确实容易多了。对于销路不好的未上市股票，负责任的银行家或许会感觉到有必要去考虑股票的内在价值，那么他将有必要进行冗长繁琐的调查。总之，向银行家申请活期贷款，而银行家绝对会选择上市股票作为抵押，这是人之常情。

"无情"经纪人的首选

如果说银行家更喜欢以上市股票作为抵押物，那经纪人也会有同样的偏好。经纪人为了给客户筹集资金，通常将他们的证券在银行进行抵押来获得一大部分必需的资金。如果他从客户那里接受的证券不能让他从银行那里拿到贷款，那么他就会立刻变得寸步难行，在这种情况下，他必须把他办公室内所有良好的可抵押证券交给银行，而他自己的大量资金也会被那些不被接受的证券所占用。股市的突然下跌会卷走他的大客户，并且使他们的账户无法动弹，那将是灾难性的。总的来说，进行保护金交易的投机者会发现，那些在询问自己情况时最"无情"、对作为抵押的证券销路要求最严格的经纪人通常是他们进行交易时最安全的经纪人，情况紧急时，这些经纪人不会向他们关闭大门。如果经纪人为了争取更多成交量，接受的保证金已经低到危险的程度，或是接受很差的抵押物，那这样的经纪人不是最保险的。

不透明交易

尽管未上市股票销路有明显缺陷,但事实上未上市证券在数量上要远远超过上市证券数量,这一事实足以引起投机者对该领域的重视。没有产生足够重视的投机者将错过大笔的廉价证券。此外,基本上所有最好的可交易投资股票和最好的投机股票,在股票交易所外都能找到它们自己的市场。场外交易的不透明对于机警的投机者来说是一件好事,某些股票常常以离谱的低价出售,仅仅是因为没有人知道这些股票。当投机者发现了这种情况下的股票后,他们并不需要知道该股票行情的整体走势,也不用去预见该公司未来的收入情况。如果股票价格以刚好低于根据该公司盈利情况和地位而定的价格出售,并且该公司近期收益能力不会恶化,投机者就会相信肯定会有其他证券交易者发现这只股票,那时这只股票将会涨到一个合理的价位。在未上市股票的市场变动常常在股票交易所进行的交易之前出现,大部分在牛市中赚到的钱都来自于这种历史的股票,这部分钱通常在股票上市之前就已经被赚取。

金融机构的股票

或许对我们来说,最安全的投机股票就是金融机构发行的股票了,这类股票只能在股票交易所外买到。随着美国财富和人口的不断增长,银行和保险公司得到了更迅速的发展。随着物质文明的进步,社会金融组织变得越来越复杂,而这些机构所提供的服务也变得越来越不可或缺。因此,从长远来看,某些大型的银行和保险公司的股票肯定会在数量上有所增加。目光长远的投资者会购买这些机构的股票,然后一直持有,几年后他可以获得丰厚的利润。从普通意义上讲,这样做根本算不上是股市投机行为,但是那些想更快获得利润的证券交易者会对自己可以知道预期利润能否迅速实现而感到满足;对于那些更看重近期利益的人来说，如果证券交易者购买的股票预期利润并没有迅速实现，那么他会知道自己在进行稳定投资，只是利润被延迟了而已。

银行业不是一般的行业

像选择其他股票一样，对于银行和保险公司的股票感兴趣的投机者，无疑会理智地选择它们的股票。就拿银行业来说，表面上看其业务非常的简单，一方面银行家以2%或更低的利息储蓄存款，然后以4%～6%的利息贷给客户。如果给出银行的资本总额和存款总额，我们通过简单的算术就可以得到银行的盈利情况。正如事实所显示的那样，银行业务的执行与其他业务一样，形式并不是一成不变的。假设给定两家银行相同的资本、相同的盈余和相同的存款额，那么其中一家的盈利可能会远大于另一家，其股票价格也同样高得多。

银行的财务报表

和其他企业的财务报表相比，银行财务报表不同于其他类型的企业的财务报表，银行的主要项目都是用金钱或者金钱等价物来衡量的。下面一个财务报表来自一家实力雄厚的国家银行（见表17-1）。

表 17-1 财务报表

单位：美元

资产	
贷款与现金贴现款	42086204
美国国债	9412296
其他债券和证券	3177938
银行	2736202

现金和银行应付款	17534164
客户欠款	1870380
合计	76817184
负债	
资本	3000000
盈余	2000000
未分配利润	4690687
存款	61972206
应付账单	1000000
银行承兑汇票	2252587
未付汇票	1901704
合计	76817184

现金等同于现金

在上述报表中，除了两个特例项目之外，所有的项目都代表现金或者现金贷款。这两个特例一个是"银行"，它是一种价格波动比较大的长期投资。另一个特例就是"其他债券和证券"，当然债券只不过是一种长期的现金贷款，然而股票，却不能保证其持有者在一个固定的时间内得到预期的利润。在负债表一侧，除了"资本"、"盈余"和"未分配利润"这三个净值外，所有的项目都代表着银行根据客户需求或确定日期的欠款，资本项代表着股东在银行的股本。在银行报表中，"公积金"通常是一个整数，代表着以一定贴现出售股票和从未分配利润拨出的基金，这些基金同资本本身一样重要。另一方面，未分配利润代表着还没有被分配的累计收入或额外盈余。

储户的分析

我们已经注意到,从储户的角度来讲,财务报表展示的是公司的实力。相关的分析很简单。除了取决于负债数量的承兑汇票以外,银行的负债不足 6300 万美元,其中的一大部分通常不属于即期票据,而是在指定的日期支付的债务。为偿还这些债务,银行在自己的保险柜中或在其他银行存有超过 1750 万美元的现金,还有不到 950 万美元的政府公债,这些公债可以在短期内卖掉变成现金,也可以在联邦储备银行作为抵押。这里还有总额为 2700 万美元的意外应急提款,这相当于银行 43% 的负债。另外,在这些贷款和贴现项目中还有未知的一部分,包括由证券交易所担保的短期贷款和见票即付票据。另一个大的部分是可向联邦储备银行重贴现的贷款组成。因为该银行的大部分存款客户同时也借款人,而且借款额总是高于存款额,由此我们就可以知道专家银行在申报这张报表当天,处于难以动摇的地位。

从持股人的角度讲,这个财务报表也有一个很大的优点。盈余与未分配利润达到了未上市股票的两倍以上,使股票的账面价值超过了 320 美元/股。存款的数目相当于净值的 6.4 倍,如果我们假设银行可以以 4% 的平均利息放出贷款,支付给存款的利息为 2%,那么毛利率就是净值的 4%,再加上两个利率间的差价或 2% 的存款利率。由于存款额是净值的 6.4 倍,那么总净值收入应该占存款的 16.8%,再用这个数字乘以 3.2,就得到了总收入,理论上讲这个数值应该是 53.8%,这里包含了银行的损失、税费和经营费用。那么让我们进一步假设,这些需要用到 1.5% 的资产。把它从总收入中扣除后就会得到 35.6% 的资产,按票面价值计算,股票净收益为 18.2%。所有的银行都可以进行这样的计算。

银行广阔的活动范围

任何这样纯理论的计算都会在很大程度上受到管理因素的影响。损失和费用的比率在不同的银行中差别很大，总收入与总资产的比率也是这样。在大型的现代银行里存、贷款类型可能会涉及多个方面。银行可能设有外汇部，为其顾客买卖外汇；可能有委托部，负责担任遗产的执行人和信托人；可能有公司信托部，为公司债券下持有债券的所有者代管财物；可能有过户部，负责处理公司账册的转让和发放红利给公司客户；也可能有债券部以及其他部门。也许还会有一个证券子公司，经营债券保险以及类似的活动。一家商业银行在拥有这些部门后，通常并不具备作为一家银行应有的收益能力，而只能眼睁睁地看着全方位跨入其他领域的银行在赚钱。

银行的财务报表并没有什么值得我们分析的地方。主要资产、贷款和贴现几乎在任何情况下都是99.9%等同于现金，或在很大程度上它是由贷款者由于某种财政困难而被冻结的贷款所组成。在报表里，分析人找不到贷款和贴现金额，一般来说他可以假定一家大银行的贷款状况良好。这种报表在类似于1907年和1921年这样的年份里也许不会100%准确，但也足以用来满足实际需要了。

确定账面价值

在分析一个银行报表时，投机者首先要确定其股票的账面价值。通常股票售价将高于账面价值。接下来投机者就会通过对比连续几年的报表，找出它的存款增长情况，看看这家银行是不是比其主要竞争对手发展得更迅速或更缓慢。然后他会比较连续报表中的未分配利润项，未分配利润的增长和盈余加上已支付的股息分红就等于此期间的净收入。投机者自然希望购买有实力的银行的股票，这样的银行发展迅速、规模庞大、盈利能力强并且股价能持续上升。

有的时候将资产负债表进行比较不能显示银行的全部收入。纽约和其他城市的主要银行均有其联营证券，比如国家都市公司、担保公司和证券猎头公司，这三家公司的主要业务是把债券与股票销售给投资大众。我们可以通过比较连续报表（在此期间只要不出现兼并现象）来确定银行的总收入情况，但是我们通常得不到联营股票的收入情况。在牛市中，这种隐含资产和隐含收入通常会吸引那些抱有投机心理的买方。

火灾保险公司

银行在特殊的时候欠其储户钱的数额是固定的，但火险公司在大多时候都承担着几乎是它全部资金好几倍的潜在负债。它们永远都不知道究竟何时就要将这笔负债中的相当一部分兑现。然而通过分散风险，不在同一社区内承揽过多的保险业务、不在同一条大街为过多的房屋作保，或者是太多同种类财产，只将任何一项财产的一小部分用来承担某一受保财产的风险，这样火灾保险公司就分散了大量的风险。其业务看起来像一项大规模的赌博，实际上大的火灾保险公司是最安全的投资工具。它们通过两种方式盈利：一种收取的保险金应大于潜在的损失赔偿和经营费用，由此获得保险利润。另一种，它们随时将手中的大笔保险金和自己的资金以及盈余大量投资到股票和债券中。如果这些投资做得好，则会带来利息、股利和资本溢价。持有的债券每年都会重新评估，并对盈余做相应调整。管理完善的公司可以从该项投资中获得稳定的可观收益。

下面的报表显示的是某家大型火灾保险公司连续两年在7月1日进行总结的经营情况（见表17-2）。

表 17-2　某大型火险公司的财务报表

单位：美元

	前年	去年
资产		
债券和股票	60641147	50315929
不动产	1709574	1663630
债券和抵押贷款	5200	338488
保险和应收成本	4238261	4011455
应计利息和股息	553605	490944
现金	1773059	2223881
合计	68930846	59044327
负债		
预收保险费	27140738	23217408
调整费用	2940498	2644180
预提费用	757415	876893
股利和应急储备金	1735000	1600000
股票市场波动储备金	3000000	—
股本	10000000	10000000
公积金	23357195	20705846
合计	68930846	59044327

一些学术性问题

对于这些资产负债表中的不同项目来说，大部分的意义还是比较清楚的。"债券和抵押贷款"代表代理商手中并没有汇给公司的保险金。在资产负债表上的"调整费用"表示已向公司报告的在火灾中的受保财产和损失，但在制作资产负债表这一天还没有结算。对于外行人来说，最神秘的项目便是"预收保险费"。很明显，如果公司并不是真的欠投保人亿万美元资金，这笔资金可以用来支付受损的受保财产。这仅仅是一项视情况而定的负债，而且只有一小部分才可能会变为可见的实际负债。然而，公司确实欠投保人一定数目的资金，当他们取消投保时就要收回这笔钱。如果某一建筑物投保一年，保值是 3600 美元，在资产负债表上将时间取样为 30 天，公司只赚取上述保费的十二分之一或者 300 美元的保金。余额就会出现在资产负债表中"预收保险费"的负债栏里。

公司的业务量可以通过"预收保险费"储备的多少来判断。当两个公司合并时，收购者通常愿意花大笔的钱为并购事宜投保。保险公司股票的账面价值为资本加上盈余的总和，然后除以上市股数。公司流动资产的价值为账面价值加上 40%（相当准确的经验值）的"预收保险费"。类似地，在计算收入时按照惯例应加上此期间的已分配红利、盈余增加和"预收保险费"的 40%。公司的报表显示该公司将资本的 24% 作为红利分给股东，将资本的 26.5% 加到盈余上。"预收保险费"的 40% 则等于资本的 15.6% 加到收入中，这样在扣除 300 万美元的证券贬值储备金后，其总收益占总资本的 66.1%。

官方报告

火灾保险公司必须向各州的保险机构负责人提供详尽的报告，因此投机者可以确认他所感兴趣的公司是否在一年内有承保盈利或亏损。许多公司在保险业务领域不仅没赚到钱，反而持续亏损，但管理完善的公司会在长期的经营中盈利。投机者还可看到公司的业务量是在稳步提升，还是维持原状，或者是有所倒退。他可以将证券价值与它们的成本进行比较，并得到一些关于管理层在其重要经营项目上的管理能力的启示。保险公司股票在这三方面的良好表现，对投机者也会有很大的吸引力。

确定人寿保险的负债

人寿保险对投保人的负债与火灾保险对投保人的负债是不同的，前者可以根据死亡人数表准确计算出负债。公司可以通过死亡人数表算出盈利率，并且可通过体检结果来选择它们的风险，那么在这种情况下投保人储备金中还会出现隐含盈余。该数额或许可以达到储备金的10%。人寿保险公司股票的流动价值以及公司收入和火险公司的计算方法大多是一样的，唯一不同的是人寿保险公司是根据准备金的40%计算的。人寿保险的业务要比火灾保险业务安全得多，它持续增长并呈现稳定上升的态势。对投机者与投资者来说，唯一遗憾的地方就是可供选择的人寿保险股票的种类很少。

金融机构的股票在未上市股票中成了最优先股。在场外交易市场中，也有成百上千的工业股和公用事业股值得聪明的投机者给予关注。

第十八章　期权与套利

对一般的交易者来说，看涨期权、看跌期权、差价期权以及跨式期权组合都是一些比较神秘的东西，不过以少得多的人如果想要有成功的机会，这些是最好的投机工具，也是可以有效保障保证金交易商不受损失的方式，更是保护卖空者不被垄断者欺诈的方式。当每个英国证券交易商对期权理论和实际应用了如指掌时，许多美国人虽然已经投机很多年了，但他们对期权并不了解。

什么是期权

简要来说，期权就是在有限时间内以规定的价格和数量向出票人购买或出售特定股票的权利。比如，看涨期权的出票人同意股票持有者在期权到期前以一定的价格购买一定数量的股票。看跌期权是在持有期间以一定的价格从期权持有者那里购买股票。低价买进高价卖出来形成差价，跨式期权组合是在不同时间按相同的价格买进或卖出。

在纽约证券交易所，期权交易以 100 股为单位，虽然允许 25～50 股的交易，但是价格不理想。偶尔也会有大额的期权交易，每笔 1000 股或者 10000 股的交易是不常见的。大部分交易都是以一个固定的价格成交的，期权购买者要为以 100 股为单位的看涨或看跌期权支付 137.5 美元（如果是看涨期权还应加上 2 美元的税金），或者将这个数字翻倍作为进出差价。其中，期权出票人拿 112.5 美元，余额在购买者的经纪人和专家顾问之间平均分配。

卖方的立场

乍一看，以任意股票的 100 股作为单位来购买期权，这似乎并不合逻辑。但是，期权不是按照当时的市场价格卖出的，而是与市场价格存在一定的差价。因此，期权在其到期前的报价会持续偏高或偏低，大多数期权的标准期限是持续 30 天。举例来说，美国钢铁的期权报价在某时点会高于标准值 6 美元或低于标准值 4 美元。假如此时美国钢铁股的股价是 140 美元，这个报价就意味着交易者可以以 139.5 美元买进，使他在 30 天内有权利按照每股 146 美元的价格买进 100 股美国钢铁；他也可以以 137.5 美元的价格买进，使他 30 天内有权利按照每股 136 美元的价格卖出 100 股美国钢铁股；或者，他可以用 277 美元的价格同时买进上述的买权和卖权，在 30 天内有权利按照每股 136 美元卖出 100 股美国钢铁股给销售者，或者是按照每股 146 美元的价格向卖方购买 100 股美国钢铁股。换句话说，这位交易者是购买价差交易选择权。如果股价在 20 美元上下的股票，买权和卖权的报价可能和股市价很接近，小到只差 0.5 美元。在市场大好时，即使是低于票面价值销售，期权的报价也可能会与市场价格相差 10~12 美元。当然，在这种情况下，卖方当然不愿意。

在市场上一些业务是通过期权交易的，但这对购买者来说，花费的现金要比购买 30 天 100 股的 137.5 美元高，甚至可能会以每 100 股几百元的价格成交，这要视市场和股票的状况而定。个别期权交易也会超过 30 天成交，但价格仍然比较昂贵。

以小赢大的投机

一些人将购买期权作为用很少的钱进行投机的工具,对他们来说,期权的优点是很明显的。对于一般的证券经纪人和证券商来说,所有交易量不足100股的交易商都属于散户。在任何数量可观的股票销售中,稍好点的经纪行最低会收取1500美元的保证金。一个只有200~300美元并渴望投机的人,一般没有耐心先进行资本积累然后再进行风险投资,当然也不愿意做个散户。期权就给了他一个进行投资的机会。只要花上137.5美元,他就可以控制100股任意的活跃上市股票30天。假如他选了美国钢铁公司,相信其公司股票廉价,并以高于市场价6美元的价格买入看涨期权。他判断很正确,这些股票的确很便宜,只是其前景充满玄机,不知股价是否会在相对较短的时间里有较大增长。经过初次冒险,他很可能会第一次意识到30天的期限是多么短。在他收回期权价格之前,股票必须升值6美元。然后,美国钢铁必须再涨价1.625美元,他才能回收其原始成本和支付为公开出售股票所需的佣金。即使股票已经涨了7.625美元,要想起投机金额翻两三倍的话,还需要一定幅度的进一步上涨。

有限的风险

正常情况下,股票期权在到期前给持有者带来利润与没有带来利润的比例通常是4:1或5:1,这种交易方式给投机者带去了最小的风险。如果投资人在146美元的时候以每100股139.5美元的价格购买钢铁看涨期权,即使股票在持有期间内完全跌到130美元,投资人也仅仅损失了成本。如果他当初以保证金的形式买了100股该股票,那他的亏损就严重得多了。在后一种情况下,投资人只要能提供足够的保证金,他就可以无限期地保持自己的地位。正如上文所用的例子,期权交易者会在 30 天后明白他的期权的成本到底是多少，他将会以一个更好的价格买入另一个看涨期权，但他仍比保证金交易商损失得要少。事实上，保证金交易商 10 点的损失和期权交易者持有整整七个期权的成本相等。

非到期交易

在上面的例子中，我们假设期权持有人会一直等到期权到期的那一天，如果市场条件能使他赚到钱，就履行合约，否则就听任选择权过期，而一无所得。不过，这绝不表示他一定要这样做。假如在期权投资人买入钢铁的看涨期权后的一个星期或者 10 天内，钢铁股票升值但没有超过期权价格。与此同时，投资人对市场前景态度发生转变，认为股票升值会出现相应的回落。于是，投资人以期货价格出售这 100 股股票，以防止损失。这意味着期权投资人不但不会损失，还会赚取不错的收益。

特别值得注意的是在短期交易中，由于客户受期权保护，所以经纪人不会要求 1 美元左右的保证金。

把看涨期权变为跨式期权组合

对于上述的例子，我们再度改变假设。假设美国钢铁价格升至期权价格时，证券商可能会因为未来到期内股票价格的动荡而备受困扰。在这种不确定的情况下，证券商应该以期权价格卖出 50% 的股票。这样，他的收益就不会受到这只股票走势的影响了。也就是说，不管股市怎么走，只要涨幅够大，证券商都能赚取差额利润。如果股票跌了，证券商就兑现那 50 股卖空并允许看涨期权到期而不予执行；相反，如果股价涨了，他就会执行那 100 股的期权，用其中的 50 股完成它的卖空合同，卖出另外的 50 股赚取利润，从这 50% 的股份中赚钱，这就是我们常说的把看涨期权变为跨式期权组合。事实上，在期权到期前，期权持有者都会进行数次上述操作。

期权作为一种保险

综上所述，期权理论上可以用有限的资金以最小的风险获得较高的利润。事实上，在选择交易时，只有 1/4 的期权是通过上述方式进行的。大部分购买者都把选择权看作是一种成本低廉的保险工具，避免亏损过大。假如某位投资者在 140 美元买入美国钢铁公司的股票，而且对市场发展方向没有把握，但他有两个保障措施：可以趁股票依然高于市场价格的时候退市，也可以购买看涨期权。假设有两个投资者处在这种情况，其中一个以高于市场价 6 美元的价格购买看涨期权，另一人在 146 美元进行终止损失的委托。让我们进一步假设美国钢铁股在 30 天内涨到了 147 美元，而后急速跌到了 10 美元。在这种情况下，想通过终止损失委托来保护自己的投资者加上佣金共损失 600 美元；而另一位投资者无论股票如何升值或贬值，加上期权的损失，他的损失都不会多于 600 美元。因此，投资者平静地看其涨到 147 美元，还可以充分利用其下跌趋势，赚取 3 美元的差额利润或者是包括佣金在内的 300 美元净利润。

美国钢铁的市价相对变化不大，即使这样，也能给投资人带来可观的差额利润和最大的利润保护。1926 年 6 月，美国钢铁公司的股票一个月的变化如表 18-1 所示：

表 18-1　美国钢铁公司的股票变化情况

日	6 月	6 月	6 月	6 月	6 月
周	1~5	7~12	14~19	21~26	28~30
高	126.5	137	139.75	139.25	144
低	122.5	125.375	134.5	136.25	137.25

不稳定的股票往往会给证券商带来更大的盈利机会。

期权售出者的动机

期权新手起初常常会对一件事感到困惑，那就是期权售出者明显的愚蠢行为。他们或许会问，一旦股市下跌，他可能会失去大笔的钱，这笔损失可能很容易就达到 1000 美元之多，可是人们为什么还要以高于市场价格几美元的价格来售出看涨期权呢？就为了那 112.5 美元的回报吗？我们稍微分析一下就会知道，他的立场并不像看上去那么荒谬。假设某人持有美国钢铁公司的 100 股股票，并以 140 美元的价格出售，他相信那些股票值这个价钱，但若想再多卖 6 美元。他可能会要求其经纪人以 146 美元的价格出售，或者售出一份该价格的看涨期权，借此来表达自己想高价出售的意愿。在后面一种情况下，他会赚取 112.5 美元，如果已经按期价出售，这将是一笔额外收入，如果没有这么做的话，那这些股票将一文不值。某美国钢铁股票卖空生意的证券商可能会以相似的动机来做期权买卖。

按比例缩小购买

证券商可能会出于不同的动机来选择期权。假设某位交易商看好美国钢铁股，希望以最低价格吸进 1000 股股票。在这种情况下，他可能会以低于市场价格下一个一定数量的订单或是购入看跌期权。通过这两种方法他都可以得到股票，但在后面一种情况下他得到期权的保险金，可以抵消购买股票的一部分价格，或者一旦期权不能实现，也可以用来作为一种安慰性奖励。想做卖空的证券商可能会更愿意售出看涨期权，而不是下达以高于市场价的价格购入股票的指令。

有时，期权的卖方也有机会通过以更有优势的价格购买相同的期权作为再次保险。假设他已经出售了 100 股价格为 146 美元美国钢铁股的看涨期权，当市场出现回落时，他可以以 142 美元的价格购买钢铁公司的 100 股看涨期权。这样他只需付给他的经纪人或期权专家 25 美元的佣金。如果美国钢铁股票上涨超过了 146 美元，这两份期权都可以执行，他将会得到 400 美元的毛利润。当该股票价格涨到 142~146 美元之间时，他将从购买的看涨期权中获得少许利润。如果该股票的股价没有上涨，由于进行了损失保险，他的损失也微乎其微。

由于篇幅所限，我们无法过多谈及期权交易的细节问题。如果投机者尝试投入这个天地，就会发现很多能让他展现自己聪明才智的诱人机会。然而，有一两条技术因素我们需要提及，股息问题是一个重要细节，当某一股票在其持有期间将额外股息出售，那么期权价格就会在当天由于股息减少而降低。

期权卖方的责任

很明显，期权卖方的责任对期权交易商是至关重要的。在纽约股票交易市场，只有被纽约证券交易所成员担保的期权才被认为是比较稳当的。当期权有这样一个担保时，期权卖方的责任感才不会被怀疑。这点尤其重要，因为期权为投机商提供了一个绝好的操作领域。金融领域底层的经营者会通过媒体大肆宣传，内容一般是："你知道吗，只要花上 25 美元你就可以控制 25 股上市任何股的股票。"散户若是回应了这样的广告，交易商会建议他们购买一个期限为七天的期权交易。如果散户能从中牟利，他们不会立即得到现金，而是，会被怂恿着去购买其他的期权。如果某一客户的交易太成功，又坚持拿回利润，那这种"经纪人"就会关门大吉，逃之夭夭了。

长期期权

在过去的几年里，市场上出现了一种新型期权，流通的数量越来越大。通常来说，长期期权的购买的选择权，会绑定到一只债券上，作为一个"甜头"帮助其发行。对此，理智的交易商不会选择一个为期长达几年的长期期权，而放弃为期一两个月的短期期权。但是一家公司通过发放自己股票的附加长期期权来吸引更多的资本投入就很正常了。早期的重要例子就是美国电力公司，1916年该公司向其股票持有者提供了一个为期100年的股息率为6%的信用债券，为了鼓励人们以93美元的价格认购该债券，该公司为每1000美元公司债券的持有者赋予一项权利，他们能够在六年之后、1931年3月1日之前随时按100美元的价格购买普通股。许多持有者并没有接受，这些特权在一些分散的市场中以几美元的价格被卖掉。1922年，股票超过了其票面价值，期权才开始有了真正的价值。在接下来的一年里，股票涨到了每股177美元。1924年，该股票价格在十股换一股实施前期高达500美元。在每股500美元的时候，原先附在1000美元债券上的期权权证得到了实惠，1921年在市场估价不过为30美元的期权，如今却变成了4000美元。

在过去六年的每个月中，美国电力股票的期权没有太大价值，该公司都会公布当月总收入超过上一年同期的总收入，但实际上只有一两个月才是真正的净利润，在这种情况下，竟然有人愿意把为期15年的看涨期权分割，然后低价卖掉，这种行为相当令人敬畏。

被分离出来的认股权很少

认股权通常采用可以分割的方式，在这种情况下，附带认股权的债券、无附带认股权的债券和认股权一般会有各自独立的市场。由于债券所附加的权证需要初始购买者名义上交纳少量的钱，实际上几乎不需要什么成本，他们通常不愿意把附带认股权从债券中分离出来，然后单独出售。不仅那些精明的债券持有者，不愿意将这笔可观的潜在利润交换成低风险的小利润；就连那些粗心大意的债券持有人，也会由于懒惰而不出售这些附带认股权。相应地，在这种情况下附带认股权的债券，要比没有附带认股权的债券或债券本身有着更好的市场竞争力。有时也可能购买有附带认股权的债券，再将附带认股权的债券分离，然后出售无附带认股权的债券作为偿债基金，但是总的来说购买认股权并不容易。另外认股权在一些情况下是不可分的，只有与它所属的债券同时出示时才可以在有限时间或到期时兑现。如果禁止分离这一要求有时间上的限制条件时，那么有时将其分离出来也是值得的。比如在 1925 年 12 月，兰德、卡德布罗公司出售了一份为期五年的债券，并附有一年后可以分割的认股权。几个月后，原联营中的一家公司就开始出售大笔的分离认股权债券，这种情况下，分离的认股权在几个月内看不到什么价值，但在接下来的 4 年里表现很好。

期限种类

认股权的期限多种多样。某些认股权的有效期只有几个月，其他的会更长久些。东南电力公司发行的年息为 6% 的公司债，2005 年到期的信用债券所附带的认股权就属于后一种类型。每一个债券都附有允许持有者随时以 50 美元的价格购买一股普通股的权利。那些对认股权感兴趣的公众会牢记美国电力认股权的教训，在西南部的股价只是期权价格一半的时候，它的报价却一直在 9~10 美元。通常来说认股权的有效期能达好几年，但十年以上的不太常见。

认股权通常也是以浮动为基础发行的，一般会以某一价格持续一两年，然后再更高些。通用钢铁铸件公司附加在该公司发行的总值 2000 万美元，到期日为 1949 年，年息为 5.5%，附属的认股权赋予股票购买者在 1931 年 7 月 1 日前以每股 55 美元的价格购买，接下来两年认购价格提高为 65 美元，1935 年 7 月 1 日以后的两年，认购价格提高为 75 美元，到了 1936 年认购价格为 90 美元，第五年及最后两年认购价格为 100 美元。另一种浮动形式以 1925 年美国通用电气出售的股票认股权最具代表性。1925 年的下半年该公司发行了年息为 6.5% 的债券，发行总额为 1000 万美元，并且每 1000 美元的债券都附有一项认股权。最初的 2360 项认股权赋予持有人以每股 24 美元的价格购买 18 股普通股的权利，接下来的 2150 项以每股 26.5 美元的价格购买 18 股，最后 1750 项认股权赋予购买者以每股 34 美元的价格购买 17 股的特权。在这种安排中，这种形式明显鼓励了特权的迅速实现。

耐心的投机者

很明显，作为投机媒介，认股权吸引着有足够耐心的投机者和小规模的投资资金。比如一个中等收入的年轻人可能会发现，除去生活费、保险金、现金存款和其他一些稳定投资等必要支出后，所剩无几。如果他想利用这点钱投机，那些保证几年内能以合理的价格购买某一普通股的认股权对他们极具吸引力。假设他每年有 500 美元用来投机，他可以购买 50 股股票并每股赚到 10 美元，但也可能会把这笔钱赔掉；或者他可以购买 100 股的认股权。经过对认股权发展的观察和区分后，他买了几股，在这些认股权终止前，他肯定会在某个牛市中赚到一笔钱，或许这笔钱就会是 500 美元的好几倍。

期权的弊端

期权的弊端是很明显的。它们的市场竞争力有限，并且通常没有任何抵押价值来申请贷款。事实上，它们根本不会给持有者带来任何收入，尽管含股息的期权还不完全为人所知。出于这些原因，人们永远都不会单独购买认股权，除非这些期权的价值是其成本的好几倍。投机的操作费用成为普通证券商很少关注的一个因素。可以想象每个投机者都希望几年以后至少能收到 10% 的资本回报。如果按 10% 的半年复利来计，这些钱会在 7 年后翻一番。在购买像期权这样的畸形证券的时候，投机者自然会相信他能在更短的时间里有机会将他的钱翻两三番。

估价公式

通过克利福德公布的一个简单的数学公式,我们可以在某些特定的情况下来决定是否应该购买认股权或者股票本身。以南方联盟的认股权为例,它是可以以每股 25 美元的价格永久购买股票的权利。以销售的情况为例,股票价格为 14 美元,认股权价格是 4 美元。X 等于在某个特定的时期内价格的增加,比如说在 5 年内,使认股权表现出和股票本身带来的相同百分比的利润。现在让 D 等于每股在该假定时期内要支付的股息,S 表示股票的价格,W 等于认股权价格,剩下的参数就是额外费用,即期权价格加上当前的市场认股权价格减去股票的当前市场价格,我们用 P 代表额外费用。

定义了这些参数之后,我们现在就可以将等式表达出来了,以共同南方公司的股票为例:

$$(X+D):S=(X-P):W$$
$$(X+3):14=(X-15):4$$
$$X=22.2$$

只需要高中的代数知识就可以容易地计算出结果。假设购买了一只为期 5 年的股票,假设共同南方公司的股票可以在这个时期仍然以 60 美分的股息为基础,股票一定要实现从 14 美元上涨到 22.25 美元,才能保证购买认股权要比购买股票本身多 4% 的利润。如果涨幅大会对认股权持有者有利,涨幅小会对股票持有者有利。

思维定势

了解期权的概率是十分有用的,但是这些概率知识有时反而会给证券商造成一种思维定势。投机者经常会产生一种毫无根据的想法，认为期权太复杂、技术性太强，以至于不做大量思考就根本无法理解的时候，他将处于一种迷惘无知的状态。同样的障碍有时会阻碍一个投机者对套利做出合适的盈利判断。所谓套利，简单的定义就是，在不同市场内同时购买和出售同样的或等价的证券以获得一定利润的行为。如果相同的证券是在两次大不相同的市场里进行交易，就会出现明显的套利机会。在纽约和伦敦的套利竞争大规模发展之前，任何时候，像美国钢铁公司这样热门的股票，也许在某个市场上要比在其他市场上的价格更高，所以套利者可以把低额市场的购买带来股票，在高额市场上卖出，只要价差高到足以抵消包括佣金、票据转移以及在交易过程中货币利率的损失，以及发电报的损失和其他费用，就可以赚到利润。这样的交易在有保障的两个市场间一定会成功，其中任意一个市场的股票都会变得活跃起来。指定这个作为第一市场，另一个作为第二市场，显然，套利的证券商为第二市场交易者提供了一项有价值的服务，即让后者能够使第二市场的价格与第一市场的价格步调一致。这种套利交易只适合于专家并不适合一般的证券商。

对等证券的套利

对等证券的套利是另一回事，为非专业人员提供了机遇。"对等证券"用一个最简单的例子解释就是通过发行预订购买新证券的权利。比如说，美国电话电报公司，已经通过为其股东间歇性地提供额外股票来对其新的资本需求融资了好多年。通常这种股票带有在规定时间一次付清或分期支付的期权。我们假设一个例子会比用实际例子更容易说明这个问题。假设美国电话电报公司在4月下旬宣布，准备向股东发行可以于5月15日以票面价值购买新股票的对等证券，股东必须在6月15日前全额缴款，每5股老股可认购一股新股。在5月15日登记在册的股东所持有的每股股份将收到一个"权利"或者是"认股权"，5个这样的认股权才有资格以面值认购 1 股新股。假设在宣布发行新股当天，美国电话电报公司的股价是 210 美元，那么马上就会有授权的交易产生，每个经纪人立即开始估算授权的价值。这样做，经纪商必须记住 5 月 15 日前每只持有股的价值中包含 1 个权利的价值。然后计算就变得非常简单。股票市场价与订购价的差价除以所需权利数加 1 就等于一股授权的价值，在这种情况下的等式可以写成如下形式：

权利的价值 = [市场价(210) — 认购价格(100)] / [所需权利数(5) + 1]

在这个例子中，每个权利的价值是 18.33 美元，以最接近的 1/16 为单位，该权利的价值为 18.3125 美元。在不如美国电话电报公司活跃的股票中，授权的最小浮动是 0.125 美元。由于存在无权认购新股的持有股销售，所以订购价会有溢价，其溢价部分会平均分到购买每个新股所需的权利数里。

从套利交易的观点来看，是购买还是出售股票本身或认购权利就没有什么不同了。允许购买一只股票所需的每一种权利以及其他的很多权利就等于将来的成交价格减去订购价。当认股权利出现时，感兴趣的经纪人会立刻将这些股票和授权可能的售价编成一个等值表格。在授权终止前，售价与表格里的价格出现差异，交易大厅里面经营套利的证券商就会使这两个价格回到同一水平线上来。这是另一种仅适合于专业人士的套利交易方式。

另一种等价证券出现在新老股票在大笔股息支付或票面价值减小，或两者兼而有之的情况下分离时。在红利的公布或者股票分离与实际的交易完成之间，可能会有几个星期，在这期间新老股票会在股票交易所一起销售，或许是老的股票在股票交易所进行交易，而新的股票会在场外交易一段时间。这两种股票在等值的基础上分开之后，就会出现另一个套利交易的机会。

公司重组的套利

重组和兼并为那些非专业的交易者提供了套利盈利的最好时机。在涉及了很多不同证券的复杂重组过程中,各种旧证券和新证券之间的价格关系可能在几个星期内出现脱序现象。如果套利交易包含着旧证券的购买以及基于"当它已经发行,或者如果发行"的前提出售新股票。当然也存在着重组计划最终没有实施的风险,那么以前面假想为前提的股票交易就可能因此被取消。投机者对那些表现良好的证券不知所措,除非把它们作为套利交易的一部分,否则投机者不会购买。通常由包括对公司最感兴趣的银行家在内的委员会详细公布的重组计划会顺利执行,因而这种风险会特别低,但是它确实存在。套利交易的证券偶尔可能完全都是以"当它已经发行"为基础的,如果计划没能得以实施,那么套购者没损失任何东西,只是些做成证券的纸张,早在1925年这种机会就在威外史宾塞钢铁公司中得以体现了。根据此计划,优先股持有者有权以票面价值按比例购买利率为7%的为期5年的票据,比例为面值1000美元的票据对50股。同时还可以得到175股新的普通股。其后,在相当长的时间内,优先股认股权利和新普通股在"当它已经发行"为基础的交易相当熟络。有一段时间,优先股认股权每一单位的价格在8美元左右,新普通股的价格也在5美元左右。不计佣金,新票据的价格相当于52.5美元。计算方法如下:

50个权利的成本×8——400.00美元

购买1000美元票据——1000.00美元

1000美元票据和175股普通股的成本——1400.00美元

销售175股普通股的收入×5——875.00美元

虽然新票据此时并没有什么市场,但是很明显,重组公司这种股票的价值要远远超过52.5美元,尤其当新股票每股值5美元时,因而重组计划实施很长一段时间以后利率为7%的票据就会卖到75美元左右。

公司兼并套利

公司兼并计划的公布有时会带来套利机会，尤其当这项计划中涉及很多证券时。范·斯万瑞根提议将乞沙比克—俄亥俄铁路公司、伊利铁路公司、霍金谷铁路公司、镍板皮耶铁路公司和培尔·马克特合并成一个新公司并建立新的铁路系统，这五家铁路公司的既有股票分别根据不同比率转换为新公司的股票，从而为套利者开了个好头。在州际贸易委员会拒绝这一计划之前的1年半的时间里，原股票一直在证券交易所出售，而新股票则是在场外出售。彼此间的价格也很不一致。很长一段时间里，人们都可以购买伊利铁路公司的普通股，然后在镍板皮尔铁路公司股票市场以几美元的利润将其出售。培尔·马克特通常比其相应价值低一点出售，而乞沙比克—俄亥俄铁路公司通常要高一点。正如事实所证明的，此例中市场的票面价值是正确的。该计划被州际贸易委员会否决，套利者的利润也就被一洗而光。但这些股票很快就恢复到了人们还在展望此计划时的水平或者比那还高。这件事给投机者带来了教训，为获取套利利润购买某一股票，然后再在"当它已经发行"的股市将其等价出售，但投机者要明确一旦这种"当它已经发行"的股票没能发行，他就要甘心去经营那些原股票了。

套期保值

套期保值是一种与套利类似的交易，套期保值是由购买某一股票然后出售另一股票构成的。由于对市场走势不确定，投机者可能会被引导到这一过程中来。或许他会对汽车公司的股票感兴趣，但是并不确定这类股票是否已经涨到了顶峰，或者是否还有价格上涨的可能。这种情况下，最符合逻辑的做法就是，购买该类股票中的最强势股票然后将弱势股票卖空。如果股市下跌，那么卖空的利润就会超过购买的损失，反之亦然。当两种股票中的一种看起来要比另一种的价格低时，我们也可以采取套利保值的做法。在上一章中，我们已经对伯利恒钢铁公司和美国钢铁公司1921~1926年相反的发展趋势进行了分析，对两种股票在当时进行套利保值经营可能一直都会很赚钱。如果投机者在这类股票上判断失误，他将在两边的交易上都遭受损失。然而这一事实不足以用来证明保值的不可行性，在投机中赔钱历来是对错误判断的一种惩罚。

第十九章　当投机变成投资

一位对投机和投资这两个领域有深切感悟的人，在看了这本书中的精彩部分之后说："你的文章讲的是投机性投资，而不是投机。"面对这种指责，笔者不得不为自己辩护。毕竟，我们很难划清楚投资与投机、投机与赌博之间的界限。如果有些人要讨论投机的问题，而且可能会引得一些原本对投机不闻不问的读者来尝试投机，对大众读者来说也许更有帮助。对那些可能曲解本书的读者来说，去讨论那种介于投资边缘的投机，而不是去讨论那种危险的、没用的、介于赌博边缘的投机可能危害性会更小。

奇妙的可能性

一个开了1000美元保证金账户的普通人，潜意识里会经常算这样一笔账：如果他在一年内不能让那些钱翻倍，他就会很失望。如果他真能一直让本钱翻番并且稳步赚取利润，他将在不到25年的时间内比现在的任何人都要富有，不过这样的假设真是太离谱。在现实社会中，用1000美元开始投机的人要么失败了，要么就是在积累了一定的财富后，转去做投资风险较小的行业，从而成为一名投资者，而不是投机者。

企业管理

最理想、最成功的一种投机，或许是把投机视为资金管理的一种方式。随着现代商业发展趋向于大型企业，也就是某个人成为一个公司的唯一支配者的可能性更小了。对一个商业天才来说，总有可能去获得商业管理的新思路或生产拥有惊人业绩的新产品，就像亨利·福特在汽车方面或沃尔伍思在商品销售方面的成功。相对而言，现在很少有公司能够完全通过生产所带来的资金积累而发展壮大，因此，即便是商业天才也很有可能发现自己迟早会成为公司股东们的雇员。有天赋的人也会处于管理位置，但他们是拿工资的，都或多或少在一定程度上受到他人的控制。然而，在个人资金的管理上，任何人都可以成为自己的主宰，充分运用商业判断，发挥主动精神。

人员、资源和金钱

一个企业的管理者能够做什么？他拥有人力、资源和金钱，对他们进行组织协调和操控，以期使企业可以因此盈利。如果一个企业想取得长期的成功，那么管理者必须做一些真正的公众服务，或者把资源最终变成对消费者更有用的形式，或者让它们更实用。如果把一个投机者看成企业的管理者，你将会发现他也控制着人力、资源和金钱。金钱是经营企业的起点，资源是买卖的证券，而人则是他所投资的公司的董事和经理。资源肯定不是在他手里转化的，但是他活跃的交易行为会使这些资源或多或少对保守的投资者更实用，他以同样的方式间接地影响着为他提供服务的人。即便是对于最大公司的高层董事会成员和执行官来说，他们的薪酬和任期，也要取决于对他们的证券感兴趣的投机者和投资者的满意程度。如果投机者有证据表明某一管理者不胜任，他虽然没权去"解雇"管理层，但是他可以通过抛售公司的股票或索性不理它们来表示对管理层的不满。

给投机者的 12 条规则

投机像经营企业一样,也有一些不能被忽视的管理标准,因此,如果投机性投资者想要获得成功,制定一些能被理智遵循的规则是可行的。如果一个投机者盲目地遵从规则,他将永远不会成功。但总有例外,他必须在特定情况下敏锐地应用自己的智慧。不过,也许把前面 18 章的内容总结一下,会更有用。

给投机性投资者的 12 条规则如下:

◇ 持有的证券不要少于 10 种,涵盖的行业至少为 5 种。

◇ 至少每半年就要重新评估一次手中所持有的股票。

◇ 至少把一半以上的资金放在能产生固定收益的证券上。

◇ 分析任何股票时,把股息收益率列为最不重要的考虑因素。

◇ 迅速认赔,不要急于获利了结。

◇ 对于那些公司信息不易得或不定期报告公布时间不固定的证券,投入的资金永远不能超过 25%。

◇ 对于所谓的"内部消息",要像避开瘟疫一样远离。

◇ 勤于寻找事实,不要依赖于建议。

◇ 忽略那些死板的评估证券的公式。

◇ 当股价变高、利率增长、经济繁荣时,至少应把一半资金投放到短期债券中。

◇ 尽量不要借钱,除非股价下跌、利率低落或走低、经济不景气时再去借,而且要少借。

◇ 存储适当比例的可流动资金,以备任何时候购买前景看好的公司股票。

使偶然性最小化

上述的第一条规则给出了投资多样化的最低标准,投机和投资一样,需要把给定的资金分配到不同的股票上。对投机者来说,多样化给他们带来了几个重要结果,它将偶然因素所起的作用降到最低,允许发生偶然的判断错误,尽量减少未知因素的影响力。和人类活动的其他领域一样,偶然性在投机方面起着一定的作用。地震或其他所谓"上帝的杰作"会使周密的计划变成一个笑话,然而这些偶然因素对所有证券的影响程度不同,多样化投资可能是防范意外因素影响、保护证券的最好方法。判断错误同样不可避免,即便是最精明的投机者在根据自己手中的数据进行判断时,得到错误结论的概率高达 20%~25%。如果他把所有的资金投在某一证券上,而关于这只证券的结论又是错误的,他将会遭受严重损失。相反,如果一个投机者把他的资金分散到 10 种不同的证券上,那么,25% 的判断错误将不会带来什么严重影响。

在任何时候,影响单一证券的最重要因素都是那些不确定因素,甚至连公司总裁都不知道影响公司证券真正价值的全部原因。投机者必须准备充足的保证金以备不测,即使一些公司经常报道自身状况,也诚恳地就证券持有者和公众关注的事件提供完备的信息,投机者也应准备保证金。通过多样化的投资,那些影响单个债券的不确定因素就会互相抵消。由不确定因素引起的损失会在某种情况下被其他意想不到的丰厚盈利所弥补。

心理难题

建议投资者每年至少审视一次自己所持有的证券,寻找其中的薄弱点,这是一条常规性的建议。当然了,投机者一般对自己的证券表现出更大的关注。第二条规则的含义不仅仅是检查某些自己的承诺和利润得失清单，更意味着投机者应尽可能从旁观者的立场去分析这些承诺。投机者已经拿自己的资金冒了险，让他不动感情地考虑冒险这个行为，在心理上是一件很难做到的事，然而投机者要下定决心去这样做。例如，如果他有100股某股票，当前价格是90美元，他完全可以无视交易产生的费用，并且问自己这个问题："如果我有9000美元现金去买股票，我是否应该选择一种股票，它比其他数千种股票对我更有用？"如果答案是彻底否定的，那么他应该把股票卖掉。在这个问题中，不管当初的买进成本是50美元还是130美元都没有任何差别。这是一个无关紧要的事实，尽管人们对它相当重视。

耐心确实很重要

上述的规则要求投机者的再分析行为每半年一次就好，无须更频繁，如果他这样做得太频繁，很可能养成致命的投资习惯，也就是经常换股。成功的投机者必备的最重要的素质就是耐心。对某一股票的市场来说，想要在任何程度上反映其所积累的价值，都需要花费几年的时间。投资南方铁路公司的股票，其普通股在两年内从25美元涨到120美元，相当于工薪阶层20年辛辛苦苦的收入。仔细分析就会发现，某一股票的价值要远远超过市场价格，但要等到牛市形成和股利政策改变来提供必要的动力，市场才会反映出这种股票的真实价值。即便是在牛市，稳定的股票也会以令人沮丧的形式落后于市场进程几周或几个月。那些一直想有所作为的投资者通常就会在牛市期间将资金从一只股票转移到另一只股票上，但最后会发现这样赚到的钱要比只投资一直持有的精挑细选的几种股票赚到的钱少得多。

谨慎确实有必要

第三条规则包含持续性,至少把一半的资金投在会产生固定收益的证券上。为什么?原因是盈利证券要比非盈利债券的等级高。前者发生严重亏损的风险要远低于后者,但是获利的潜力通常也比较小。然而,投机者不要在经营中冒太大的风险,绝大部分时候,他应保持平静,知道自己的财产至少还有很大一部分是由投资证券组成的。投机者不是简单地要从证券中赚取利润,而是关注大部分证券内在的投资价值,这在很大程度上表明投机者应把大部分资金投向有收益的证券。

普通股票的四种类别

我们在这里要解释一下,第三条和第四条规则并不冲突。事实上,由于最好的股票往往利润最低,这两条规则是完全一致的,因为最好股票的股息通常也最低。如果购买者不需要从这笔资金中来赚生活费,那他根本就没有资格来做投机。在这种假设下,他想得到的股息就不是什么值得考虑的大问题了,他只要寻找自己股票市场价值上涨的时机就可以了。理论上讲一个人可以将他的普通股——主要的投机工具——分为四类,它们是:

(1) 分配股利的高级股票,这是对发展前景较好、实力比较大的公司的一种所有权,这种股票通常以较低的利润出售。

(2) 分配股利的低级股票,由于它们的股利不确定,前景也充满未知数,因而有可能会带来利润比较高。

(3) 无股利支付的股票,该公司的实力和收益能力方面有着明显进步,发展方向是成为支付股利级别的股票。

(4) 无股利支付的股票,没有任何迹象表明公司实力和收益能力提高，未来有可能会破产托管。

理论上讲，（1）类和（3）类股票是可以买的，而另两种从其中一种股票立即获得回报的概率通常很低，另一种则为零。

检验一条理论

这种购买某一股票就一定会赚到钱的理论可以检验吗？我们要随机选很多种股票，把它们分为高利润群和低利润群，然后看它们在几年内的命运变化，以此来检验这个问题。为了达到这个目的，所有的工业普通股，按字母顺序从A到G，在穆迪手册中列出十年内的报价都被用来调查这个理论。我们假设某位投机者在1913年买进每一种股票，每种金额为1000美元，其购买价是最高和最低报价的平均价。在这个价格下，收益是基于1913年的现金股利计算的，并且这两组股票按照利率高于8%和利率低于6%的标准来选购。在前一组中共有13种股票满足要求，后者中有14种。我们进一步假设以1922年的平均价购买股票，尽管当年股市和商业萧条带来了购买股票的绝佳时机，在那年类似的时期，出售股票的时机也立即出现了。下面的表格表明了这样一个有趣的事实，低收益的股票不仅出售后显示了更高的利润，而且总的来说在整个购买阶段它们还显示了更大的资本回报（见表19-1）。

表 19-1 两组股票的利润率比较

	1922年售出（美元）	1913年买入（美元）	利润（美元）	利润率（%）
低收益股票	19356.13	11307.39	8048.74	71.2
高收益股票	14635.13	13026.56	1608.67	12.3

表19-2给出了每年的现金股息比率：

表 19-2　两组股票的股息比率

	1922 年	1921 年	1920 年	1919 年	1918 年
低收益股票	8.23	9.43	12.82	9.44	9.27
高收益股票	5.17	6.38	9.04	7.55	7.24
	1917 年	1916 年	1915 年	1914 年	1913 年
低收益股票	8.82	6.71	4.30	4.28	4.00
高收益股票	8.32	6.83	6.38	7.57	10.83

我们很容易就可以看出来哪一次购买更令人满意。

一个令人震惊的结果

在无股息的股票中，我们很难将那些训练有素的观察家认为有前景的股票和他们认为没有希望的股票区分开来。我们只能把这些股票作为一个整体来关注它们的命运到底如何。在这个群体里一共有 27 只发行股票，以 1913 年最高价和最低价的平均价格来计算的初始成本为 26645.34 美元。当然，这些股票在 1913 年时并没有股利回报，而在第二年，其中的三股就付股息了，其资本回报率为 0.8%。1915 年股利收入上涨到 1.19%，1916 年上涨到 5.96%。从那以后，股利迅速上涨到 1922 年的最高点——30.9%。即便扣掉克兰造船公司在 1922 年所分配特别高的股利后，资本回报率仍然高达 18.9%，并且在此阶段总的资本回报率也超过了购买时以股息为基础的股票收入额。假设 1922 年这 27 种股票以最高价和最低价之间的平均价出售，那么其资本回报为 56400 美元，投资报酬率高达 221%。

这个数字高得如此惊人，以至于我们假设了最坏的情况重新做了调查。我们假设 27 只股票都是以 1921 年的最低价出售的，也就是一年中经济最萧条时期的价格。如果假设成真，那么一年中这 27 种股票都达到最低价格的机会简直是百万分之一。我们进一步假设有两只股票在 1921 年没有报价信息被记入总损失中。即便是在这种最不利的假设条件下，这些股票还能以 47542.75 美元的总值进行结算，即利润率为 76.9%，这个数字比付股息股票在该假设条件下的利润收入好得多。

股票的复利

对于这种结果的解释不言自明，无股利支付股票要比有股利支付股票更赚钱，低收益股票要比高收益股票赚钱。持有一家盈利能力良好公司的股票，会受惠于其股票复利高于银行存款利息的规则。回顾第十二章中讲到的雷明顿·兰德的损益表，上面表明其净收入额为 6040554 美元，其中只有 2553457 美元来自股息。这就将大约 350 万美元，即每股 2.50 美元的普通股再次投资到企业，以便为普通股赢得更多的利润。

同样在这段时期，公司扣除债券利息前的收入等于该财政年度末全部有形资产的 13% 以上。如果可以将 13% 的每股 2.50 美元普通股进行再投资，则在其他条件不变的情况下，第二年的每股收入将增加 32 美分。照这个方法计算，如果这样持续五年，那么每股收入理论上可增加 60% 以上。

低收入股票通常是那些将很大一部分收入作为盈余的公司发行的，发展迅速公司的无股利支付股票从复利原则得到的好处更大。这个原则成为 1929 年市场上普遍流传的一个信念，这个信念即人们不能花太多的钱去购买发展很快的公司的股票。这个原则听起来不错，做起来就没那么靠谱了。由于无股息股票的不断吸引，选择它们要比选择付股息股票困难得多。投资者中股票如果危害所有资本，甚至危害一大部分的资本，都是鲁莽之至。

利润无限

用来指导投机性投资者的第五条规则,似乎与每个证券交易者第一次进入经纪人公司后听到的一句谚语相矛盾,这句谚语就是"你的收入永远都不会很卑微"。事实上,证券交易者只能通过赚取利润来避免最终的失败。他应该清楚地明白自己到底想干什么,他并不是在寻找需要为之支付个人所得税的到手利润,而是在等待手中资金最大的增值机会。如果在交易者操作过程中,他以一定利润卖出了一些证券,然后转向了其他证券。就此而言,获利了结只是附带发生的行为,根本目标应该是让投机资金尽量增值。

那么投机型投资者面对手中股票的市场价值所发生的变化,应该保持一种什么样的心态呢?投机者买进某一股票是因为他确信这个股票目前价值很低。他可能因为以下三种形式而赚到了钱:(1)知道这个股票还有增值的可能;(2)增加收益能力和资产;(3)公司总的价格水平上升,其收益能力有目共睹。任何股票收益能力提高的背后都是完善管理下的必然结果。

只要这种增长一直在进行,股东就没有理由中止自己的购买,除非他们深信股票价格总体上已经超过了它的真实价值。除了这种情况,投机型投资者出售手中股票的唯一理由可能就是这一股票的走势不好。股票的市场价格上升意味着当初买它的决定是正确的。相反,股票市场价格的下降往往会表明投机者的判断是错误的。当然,这也不是绝对的,某些情况下,股东也会充分相信利润会慢慢到来,手中掌握的股票会度过熊市。如果他仅仅根据市场变化就做决定,那么股票的适度下降会促使他出售股票而不是让他相信股价会有上升。

信息重要性

第六条规则进一步强调了分析证券时"未知"因素的重要性。只要投机者的投机有很多未知因素,那么他就相当于是在赌博。他就要寻找一切办法将风险降到最低。要达到这个目的,投机者就必须掌握足够多的信息,时不时购买那些风险低的证券。有很多好的股票并不容易取得足够的资讯,但是购买它们往往可以赚到很多钱。如果收到的信息是喜人的,或者费尽周折可以得到很多信息,那么购买这一股票就是明智的,但是最好不要动用大笔资金用于某一种类型的发行证券上。

有时花点力气去获得更可靠的信息是值得的。比如,有一家规模中型的制造业公司每年报告它们的股东当年的经营情况,借此来简略公布自己的年度损益表。如果损益表若干年来都显示,应收账款金额远超过企业规模,完全不成比例。这就意味着,该公司虽然有着良好的收益能力和股息记录外,股价是净即兑资产的一半,那么这些股票根本不便宜。一个报告员,同时也是股东之一参加了1926年的年会,他和另一位费尽周折参加此次会议的管理层外的股东有幸查看了详细的损益表,发现到1925年12月31日,超过2/3的应收账款由美国国库的票据构成。尽管该公司的报表就容易取得的那部分来说,反映出其股票的真正价值存在严重疑问,但这是一只真正被低估了价值的股票。

怀疑有理

愤世嫉俗的人往往没有那么多朋友,但是第七条规则中描述的怀疑态度却可以使得很多证券交易者们免受损失,华尔街聚集着很多轻信流言蜚语的证券交易者,他们什么都相信。比如,某娱乐股票的价格在1930年春季价格翻番时,投资商们都乐观地认为此次的收益能力将会比官方报表所显示的前6个月的收益能力高50%之多。接下来4个月的惊人下跌使整天出没于经纪人办公室的证券交易者们充分认识到，原来该公司距离破产仅有一步之遥。

自负在很大程度上导致了证券交易者愿意相信那些诸如联营、兼并和发掘商业机密等"绝对内线消息"的蛊惑，并最终成为受害者。一般的交易者认为，能得到这类机密咨询，证明自己胜过无知的大众。然而，如果他谦虚地认定自己可能是第一千个，而不是第一个或第二个听到这种乐观说法的人。脱掉自负的外衣，可能会让他得到更多的回报。

但是对于第七条规则也有一个例外，在市场走势强劲时编造熊市谣言的人很可能是一个真正的救世主。这种内线消息很少，它要比那些在股市震荡的高峰期广泛流传的牛市宣传更值得怀疑。

每一个决定都要由自己做出

没有谁能够通过向他人征求意见而致富，这是第八条规则的基础。高明的专家可以为某企业的技术改造指明道路，但他能做的也只有这些。企业的成败应由一个人的精力、个性、能力和决策力来决定。福特、洛克菲勒和摩根家族能住在他们选定的领域，不是因为咨询"专家"的建议才取得成功的，而是最终靠自己做出决策。

令人尊敬的强西·戴普在一次访谈中，有位记者问到，他一生中犯下的最大错误是什么？戴普先生讲述了三个方面的错误。在财政，他的最大的错误就是，在当时没有花1万美元购买初期利率排在第六位的公司，后来该公司成了美国电话电报公司。尽管深深为风险投资所吸引，戴普先生仍一直犹豫不决，直到他询问了专家的意见。最后，他拜访了一个私人朋友——西部电信联盟公司的总裁，他无疑是比任何人都优秀的专家。总裁十分真诚地告诉他电话是多么不切实际的东西，而西部联盟拥有一些更有前途的专利发明，但后来戴普先生亲眼看见了西部联盟成为美国电话电报公司的一个子公司。

这个教训是如此一目了然。让那些想成功投机的人去努力寻找事实吧，由于错误信息的存在和信息的局限性，即便是最聪明的投机者也可能会做出错误的论断；但要记住，最后必须自己决定什么时候买进什么时候卖出。

价格/收益比例

不明智地使用价值尺度是第九条规则所禁止的。由于一只股票的售价是上一年每股收益的一个固定倍数，或是按几年的预期收入出售，那么通常情况下证券交易者会考虑这只股票是否便宜或不便宜。宽泛地说，计算价格/收益比例是很有用的。如果某只股票以每股收益 30 倍的价格出售，公司分配的股利是盈余的 2/3，年度股利报酬率就是 2%，只有形势一片大好的前景才会证明这个价格是合理的。相比之下，某股票以每股收益 6 倍的价格出售，分配的股利是盈余的 1/3，那么它的回报率要高于 5.5%。假设其他条件相同，后者通常会被认为是便宜的，而前者则昂贵。

对于某些特殊情况，比如某一股票以每股收益 15 倍的价格出售，而另一个同行业的股票以 10 倍的价格出售，我们就很难得出结论了。对 1921 年的 14 家最热门的上市工业公司股票记录进行的考查更验证了这一点。表 19-3 包含了所有在 1919~1923 年每年都支付股息，所有在纽约股票交易中心挂牌、每年分配、1921 年成交量超过 100 万股的工业公司普通股，表格给出了 1921 年的高价和低价，1920 年和 1921 年的每股收益，以及基于 1921 年收益和 1920~1921 年收益的高低价格/收益比例。

表 19-3　价格/收益比例

股票	价格（点）		每股收益（美元）		1920~1921 年价格/收益平均比例			
					1921 年收益		1920 年收益	
	高	低			高	低	高	低
鲍尔机车	100.75	62.25	15.14	18.22	5.5	3.4	6.0	3.7
佰利恒钢铁 B 股	62.5	39.5	18.40	11.51	5.4	3.4	4.2	2.6
钱德勒	86	38.25	10.05	0.15	—	—	11.3	5.0
科斯登公司	44.125	22.5	16.80	—	—	—	—	—
坩埚钢铁制造公司	107.5	49	20.06	7.59	14.2	6.5	7.8	3.6
Fam. 播放器	82.5	44.625	21.05	18.95	4.4	2.4	4.1	2.2
通用汽车	16.25	9.375	1.56		—	—	—	—
墨西哥宠物	167.25	84.5	19.63	26.83	6.2	3.2	7.2	3.6
泛美宠物	71.75	34.125	9.25	12.94	5.5	2.6	6.5	3.1
壳牌石油	69.875	40.5	4.62	4.28	16.3	9.5	15.7	9.1
斯蒂贝克	93.25	43.75	15.19	16.21	5.8	2.7	5.9	2.8
得克萨斯公司	48	29	5.44	1.41	34.1	20.6	14.0	8.5
得州太平洋	36.875	15.75	4.73	2.46	14.9	6.4	10.2	4.4
美国钢铁	86.5	70.25	16.62	2.24	38.6	31.4	9.1	7.4

从这个表格我们可以看到一些有趣的差别。1921 年斯蒂贝克的股票绝对要比钱德勒的便宜，前者的股票在接下来的五年里翻了一番还多。相反，钱德勒 1926 年的高峰也仅仅只是超过了其 1921 年的低谷期，而得克萨斯公司和得州太平洋公司就不存在这种情况。一系列事实显示，市场评估后者的价值时，比评估前者的价值正确。然而，高级投资股皇家荷兰壳牌公司在接下来的牛市中却无所作为，这让 1921 年购买其股票的证券交易者大感失望，相反不起眼的泛美公司却给它的证券交易者带来了丰厚的利润。这样的例子可能会找到更多，它们足以证明具体针对某一股票时，价格收入比例可能没有任何意义。

折衷

第十条规则是对股市周期性变化的一种认知,也是对两种关于长期投机看法的一种让步。其中持一种看法的学者认为长期投机者应该按照股市的长期波动进行交易,要在熊市接近低谷时大量买进股票,然后在接下来的牛市即将达到最高峰时将股票全部出售,把所得的钱放在短期证券中,等待下一个牛市的买点。另外一派学者认为,人们应该购买稳定的普通股,并长期持有它们,直到某一前景很好的股票变得前景堪忧后再出售,继而转向其他有发展前景的股票。在这章以及前面几章中已经给出了这两种交易的理论实例,虽然案例中的股票都是随机挑选的,但其效果在这几年时间里还是令人满意的。最理想的方案可能就是这两种情况的折衷,虽然投机性投资者主要想购买那些会升值的股票,而不是对股市趋势本身有兴趣,却也不能忽视牛市和熊市长期更替波动的趋势。当牛市势头减弱,并且很容易就能赚到钱的基础也开始垮掉,他就要考虑将手中的大笔股票出售了。如果这样做就不能说成本是证券无关紧要的因素。

避免过度交易

一般证券交易者容易犯的一个主要错误就是有过度交易的倾向,这与第十一条规则正好相反。证券分析师经过分析后就会很快发现管理完善的公司手中的现金很充足,其金额远超过日常营运所必要的程度,而且很少借钱,更不会让自己的信誉度受到侵害。投机性投资者可以根据这条优秀管理的原则进行风险投机,银行会十分情愿借给他某一稳定并且销路好的股票 75%~80% 的金额。而投机者如果因此而尽最大的限度借钱,那就非常愚蠢了。如果他真的这样做,股市只要有一小幅下跌,投机者的资本就岌岌可危,而且还会严重影响他对价值的判断。为了不犯这样的常识性错误，精明的投机者只是偶尔才会借大笔的资金。显然，贷款最好的时机是在股市总的行情都处于低谷期时，然后股市的上涨会增加投机者的股本，提高他的地位。在牛市期间，这样的做法是明智的，将周期性清仓中的一些资金偿还贷款以提高其流动性，其余资金投放到短期债券中去。

选择购买某一有前景良好公司的股票，并长期持有会带来如此大的盈利可能，那么第十二条规则就应该成为每个投机型投资者操作规则的一部分。而关键的字眼是"有发展前景的公司"。股权认购成为债券和优先股越来越受欢迎的一种附加条件。很多情况下它都会成为债券销售人员夸耀的热点，而它们赢得利润的机会却十分小。但如果公司的前景良好，精明的投机者会着眼于长远利润，尽力去购买尽可能完整的搭配组合。

一项有利可图的业余爱好

投资本身并不会给资金持有人带来什么严重的问题。储蓄银行及其同类机构、人寿保险政策、政府公债、大银行的信托部门都为那些寻求无风险投资的人，以及那些没有时间去管理其资金的公司管理者提供了解决方案。那些能抽出一定时间去管理个人财务的企业家会发现，投机型投资是让他与这个无时无刻不在进步的世界保持联系的一项有趣的事业，他们在投机中会对经济史产生极大的兴趣。通过运用这几章中讨论的原理，他会把这项事业变成一项有利可图，并且充满乐趣的业余爱好。

1. 高级趋势技术分析
2. 高级波段技术分析

作者：阿尔·布鲁克斯

这套丛书是写给严肃的交易者看的，阿尔的书最大价值在于，阐述了理解价格行为以及逐根K线分析走势图有助于追踪通常由机构所推动的形态，通过小止损、早入场，让机构为个人投资者"抬轿"并最终获利。

在这套丛书中，布鲁克斯主要通过5分钟周期的K线图来阐述一些基本原则，但也讨论日线图和周线图，书中也有如何将价格行为分析用于股票、外汇、国债期货和期权的内容。

3. 日本蜡烛图技术

作者：史蒂夫·尼森

这是您一直想了解的日本蜡烛图技术细节，来自K线之父的经典教程，完美融合了日本蜡烛图和西方的交易技术。

证券交易经典基础知识书籍，全新的译本，全新的阐述，精选的内容。

2017年新版
舵手证券出品

帝纳波利之师 拉瑞·佩萨温托

4. 斐波那契交易法

作者：拉瑞·萨拉温托

帝纳波利之师，斐波那契交易技术的开创者，当今金融界倍受推崇的交易专家之一。

斐波那契交易法不是一个交易系统，而是一种准确判断力和纪律交易的方法，掌握了它，你就拥有了实现财务自由的更大把握。

期货、外汇
短线交易秘诀

5. 短线交易大师

作者：杰克·伯恩斯坦

瞬息万变的短线交易市场不存在准备充分一说，决策必须争分夺秒地做出，这就要求交易者利用能用到的好的交易策略和工具。

在高风险高回报的超短线交易中获取利润，就从阅读美国著名短线交易技术大师的书开始吧！

6. 建立稳固的交易系统

作者：基斯·费申

这是您一直想了解的日本蜡烛图技术细节，来自K线之父的经典教程，完美融合了日本蜡烛图和西方的交易技术。

证券交易经典基础知识书籍，全新的译本，全新的阐述，精选的内容。